航空服务艺术与管理本科系列教材

空乘人员形象设计与化妆技巧

Guide of Image Design and Makeup for Flight Attendants

张号全　陈红波 ◎ 主　编
亢　元　马海霞　金　恒 ◎ 副主编
陈思涵　王益友 ◎ 主　审

电子工业出版社

Publishing House of Electronics Industry
北京·BEIJING

内 容 简 介

本教材共 8 章，包括空乘形象设计概述，空乘服装、配饰与搭配，空乘发型设计与护发，妆容设计基础与护肤，空乘妆容设计与化妆，空乘健美塑形与仪态美，空乘面试形象设计，空乘职业形象诠释等内容。每章章前都设有章前提要和学习目标，章后设有本章实操和思考练习题，以帮助师生明确教学目的和要求，掌握重点和难点，学会具体问题具体分析。本教材专业特点突出，实用性强，内容取材于实际工作环境和日常生活，具有很强的针对性。本教材主要适用于航空服务艺术与管理专业、空中乘务专业的教学，对于高铁乘务、酒店管理、旅游管理等有职业形象要求的专业也有借鉴意义。

未经许可，不得以任何方式复制或抄袭本书之部分或全部内容。
版权所有，侵权必究。

图书在版编目（CIP）数据

空乘人员形象设计与化妆技巧 / 张号全，陈红波主编. -- 北京 : 电子工业出版社, 2024.8. -- （航空服务艺术与管理本科系列教材）. -- ISBN 978-7-121-48101-7

Ⅰ. F560.9

中国国家版本馆 CIP 数据核字第 2024E0C758 号

责任编辑：刘淑丽
印　　刷：三河市龙林印务有限公司
装　　订：三河市龙林印务有限公司
出版发行：电子工业出版社
　　　　　北京市海淀区万寿路 173 信箱　邮编：100036
开　　本：787×1 092　1/16　印张：10.75　字数：254 千字
版　　次：2024 年 8 月第 1 版
印　　次：2024 年 8 月第 1 次印刷
定　　价：42.00 元

凡所购买电子工业出版社图书有缺损问题，请向购买书店调换。若书店售缺，请与本社发行部联系，联系及邮购电话：（010）88254888，88258888。
质量投诉请发邮件至 zlts@phei.com.cn，盗版侵权举报请发邮件至 dbqq@phei.com.cn。
本书咨询联系方式：（010）88254199，sjb@phei.com.cn。

航空服务艺术与管理本科系列教材建设委员会

丛书总主编：

刘　永　　北京中航未来科技集团有限公司董事长兼总裁

丛书总策划：

王益友　　中国东方航空集团驻国外办事处原经理，教授

丛书编委会秘书长：

胡明良　　江南影视艺术职业学院航空乘务学院副院长

丛书编委会成员：（按姓氏笔画数为序，姓氏笔画数相同者，按姓名第 2 个字笔画数为序）

刘岩松　　沈阳航空航天大学民用航空学院院长
刘　超　　华侨大学厦航学院副院长兼空乘系主任
李广春　　郑州航空工业管理学院民航学院院长
张树生　　山东交通学院航空学院原院长、山东通用航空研究院院长
陈　健　　北华航天工业学院外国语学院院长
郑步生　　南京航空航天大学金城学院航空运输与工程学院院长
宫新军　　滨州学院乘务学院院长
熊越强　　桂林航天工业学院教授

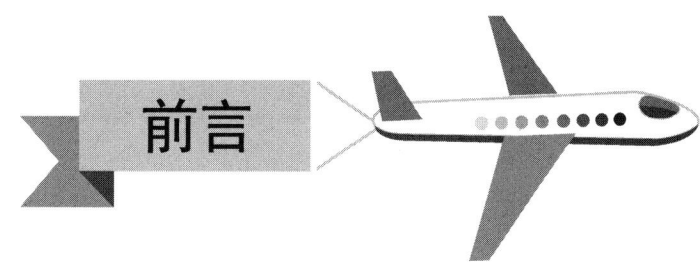

前言

随着新时代社会主义精神文明建设的不断向前推进，形象化建设也被推到了一个史无前例的重要地位。众所周知，民航业是一个服务性质的行业，其本身的形象表现直接关系到服务质量的好坏，关系到旅客对服务的感受，也关系到航空公司的声誉和未来发展。特别是航班一线服务中的空乘人员，直接面对旅客，其形象的重要性毋庸置疑。空乘人员仪容仪表的直观视觉形象，是旅客的第一印象，更会造成深远的记忆影响。空乘类专业的学员是中国民航业持续发展的必备新生力量，代表着未来中国民航服务者的形象，因而更应当及早建立职业形象的概念，拥有形象设计的意识，领悟形象设计艺术的真谛，掌握必要的形象设计方法和操作技能。只有这样，他们才能从内心深处增加对这份职业的敬重感，并且可以让自己的身心早日融入空乘工作的现实，通过塑造良好的职业形象，为将来的空乘工作奠定基础。

航空公司对空乘人才的选拔与录用，一般是通过程序复杂的面试进行的，其中的形象测评与考核几乎占据了一半的分值。因此，形象初试对参加面试的学员来说是最残酷的一个环节，往往只有 1/3 左右的学员可以进入接下来的复试环节，足见空乘职业形象与空乘工作的关联度。同时，基于民航服务的形象标准与严格要求，并非简单意义上的妆容、衣着、发型与形体，而是"此形象"与"本行业形象要求"的无缝对接与融合。为此，我们根据形象艺术的设计原理，在整体视觉美的基础上，按照航空公司制定的空乘形象标准与面试形象考核条件，编写了本教材，期望能够在一定程度上帮助读者厘清对空乘形象的认知，了解空乘形象设计的原则、要素与内涵，熟练掌握空乘形象设计程序和基本步骤，使自己的形象满足民航业对人才的选拔和录用要求，让仪表形象与专业能力并驾齐驱，打造内外兼修、形神俱佳的专业化形象。

本教材由多年从事空乘面试与就业指导工作的高级职业指导师张号全编写第一章、第四章、第七章及第八章，并由张号全负责全书的统稿工作；由中国南方航空公司培训部教员、五星级主任乘务长陈红波编写第二章和第五章；由大连航运职业技术学院马海霞编写第三章；由沈阳航空航天大学亢元和西安航空职业技术学院金恒编写第六章。特别感谢陈思涵、陈红波等老师提供视频、音频文件和图片。本教材由广东肇庆航空职业学院航空服务管理学院院长陈思涵及中国东方航空公司驻国外办事处原经理王益友负责主审。

编写团队依照航空公司对空乘人员仪容仪表的要求，结合空乘专业实际教学需要，编写了本教材，包括妆容设计、服饰搭配、发型设计、皮肤保养、形体训练、面试形象等内容。期望与读者一起分享形象设计之妙，打造合适的职业妆容，设计好整体形象。

本教材得以顺利出版，要感谢电子工业出版社给予编写团队的信任和大力支持。

真诚感谢广大读者的支持与厚爱，敬请多提宝贵意见。

编　者

目录

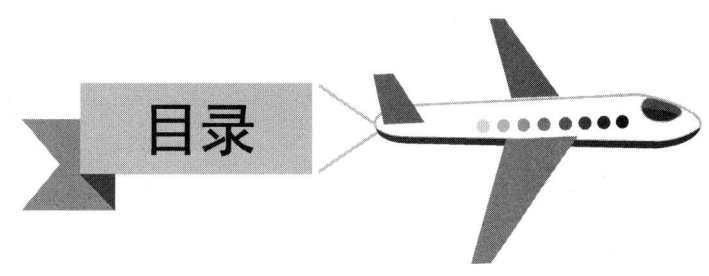

第一章 空乘形象设计概述 ·· 1
   第一节 空乘形象设计 ·· 1
   第二节 形象设计的艺术表达 ···································· 7
   第三节 空乘形象的特征 ·· 9
   第四节 空乘形象设计的总体要求 ································ 14
   本章实操 ·· 17
   思考练习题 ·· 17

第二章 空乘服装、配饰与搭配 ······································ 18
   第一节 服装的色彩 ·· 18
   第二节 服装、配饰的搭配原则 ·································· 24
   第三节 空乘制服的特点及搭配 ·································· 29
   第四节 空乘制服配饰 ·· 35
   第五节 社会交往中的服装与配饰 ································ 37
   本章实操 ·· 41
   思考练习题 ·· 41

第三章 空乘发型设计与护发 ·· 42
   第一节 发型设计的基本概念 ···································· 42
   第二节 职业发型设计 ·· 45
   第三节 乘务员发型设计 ·· 46
   第四节 盘发技能 ·· 47
   第五节 头发的清洁与护理 ······································ 50
   本章实操 ·· 54
   思考练习题 ·· 54

第四章 妆容设计基础与护肤 ·· 55
   第一节 化妆的基本常识 ·· 55

第二节　皮肤的生长状态 ·· 61
　　第三节　皮肤的营养 ·· 63
　　第四节　空乘人员护肤要领 ·· 66
　　第五节　美白皮肤的措施 ·· 73
　　第六节　护肤的误区 ·· 77
　　本章实操 ··· 79
　　思考练习题 ··· 79

第五章　空乘妆容设计与化妆 ··· 80
　　第一节　常用化妆工具 ·· 80
　　第二节　化妆品的类型及选用方法 ······································ 83
　　第三节　妆容设计的原则与方法 ·· 90
　　第四节　空乘人员化妆的技巧 ·· 97
　　第五节　补妆方式与化妆礼仪 ··· 102
　　第六节　国外航空公司空乘职业妆容的特点 ····························· 104
　　本章实操 ·· 107
　　思考练习题 ·· 107

第六章　空乘健美塑形与仪态美 ··· 108
　　第一节　认识形体美 ··· 108
　　第二节　常见的健美塑形方式 ··· 112
　　第三节　控制体重和保持形体美 ······································· 122
　　第四节　空乘仪态美 ··· 124
　　本章实操 ·· 128
　　思考练习题 ·· 128

第七章　空乘面试形象设计 ··· 129
　　第一节　面试形象的基本要求 ··· 129
　　第二节　面试着装与形体标准 ··· 132
　　第三节　面试妆容设计 ··· 135
　　第四节　面试发型设计及举止形象要素 ································· 138
　　本章实操 ·· 141
　　思考练习题 ·· 141

第八章　空乘职业形象诠释 ··· 142
　　第一节　确定职业形象设计目标 ······································· 143
　　第二节　明确职业形象彰显的集体元素 ································· 146

第三节　个人对职业形象的必要呵护 ································· 148
第四节　用职业形象诠释服务职责 ····································· 150
第五节　培养个人的审美品位 ·· 151
本章实操 ·· 157
思考练习题 ··· 158

附录 A　空乘形象设计调查问卷 ·· 159
参考文献 ·· 162

第一章 空乘形象设计概述

章前提要

空乘形象设计是一门专业性的形象修饰艺术,是职业化的行为理念与形象美化技能的有效结合,也是在校空乘类专业学员及民航空乘人员必备的职业技能之一。就个体的直观形象设计来说,空乘形象设计其实是对自我形象的修饰,即妆容、服饰、发型和形体等个体仪表仪容的艺术化呈现,以获得扬长避短、提升整体形象的效果,更大限度地满足旅客的审美需求,以及满足航空公司对空乘人员的标准化形象要求。良好的空乘职业形象,不但是航空公司对空乘人员形象的规范和要求,更是空乘学员在应聘面试时给现场面试官留下深刻而美好的第一印象,赢得面试公司青睐的必要条件。

本章着重讲述空乘形象设计的定义、空乘形象的特征、职业形象设计的原则,以及空乘形象设计的总体要求等内容。希望读者在理解形象设计的基础上,找到空乘形象设计的核心点,使直观形象的设计元素融入精神、气质体现和综合素养提升,设计出符合个人条件的得体的空乘艺术形象,并力求符合民航业形象规范和要求。

学习目标

1. 了解空乘形象设计的定义。
2. 理解职业形象设计的原则。
3. 熟悉空乘形态测评的标准要求及空乘形象设计的直观要素。
4. 理解空乘内外在形象的均衡和统一。

第一节 空乘形象设计

空乘形象设计属于职业形象设计范畴,这一理念是对形象设计的延伸和拓展。形象设计源自欧美地区，是随着时装、发型和化妆的时尚潮流而出现的，随后很快风靡世界。其中，职业形象设计彰显了职业化进程中的形象细化和区分，是职业化发展的迫切需要。职业形象设计这一概念自出现以来，就受到职场人士的追捧和喜爱，也成为企业打造对外形象的统一口径和尺度，足见其重要性。

一、形象设计的定义

1. 空乘形象设计的定义

空乘形象设计通常可以概括地理解为空乘人员依据民航服务工作岗位的性质和工作内容的要求，对自身进行的职业化装扮过程。具体来说，空乘形象设计是指在职业活动中（包括专业学习、应聘面试、对客服务、训练考核等），根据本行业或公司对个体形象的要求，依据本身的形体特征、面容与性格特点等，对个人进行艺术化的形象修饰，力求达到形象美，从而使个人形象更加符合行业、公司或团队的形象标准，准确地表达其文化理念，符合空乘人员的身份要求。空乘形象设计可以提升个人气质，塑造职业需要的形象，强化职业精神，增强个人对未来工作的信心。

空乘形象是内在美与外在美的恰当结合及正向传递，进而给他人（旅客）留下深刻印象，收获赞誉。形象设计既包括妆容、服饰、发型、形体等仪表仪容的展现，又包括培养优雅的职业气质。通过实践训练及在工作岗位上的进一步修炼，空乘人员可以提升形象气质，掌握实际的形象塑造能力。对于空乘专业学员，通过对个人形象进行良好、得体的再创造，可以最大限度地满足空乘职业化的形象特征，以符合航空公司对空乘人才在仪容仪表、气质形象等方面的考核、选拔要求，优化自己的面试条件，获得面试官给予的较高的面试形象分值，提高面试通过率。图1-1展示了乘务员形象。

图1-1　乘务员形象

另外，形象设计也是一门带有科学性及人文性的艺术，是审美品位与文化修养的具体体现。如果一个人妆容精致、皮肤较好、穿着得体、举止优雅等，就会给他人留下深刻而美好的印象，使他人产生再次见面与持久交往的意愿；如果一个人不修边幅、穿着不当、妆容欠妥、举止不雅，就很难给他人留下好印象。空乘形象设计要传递出自信大方、优雅端庄、热情亲切及整洁干练等空乘职业形象信息，因为空乘形象不仅代表个体形象，更代表航空公司集体形象，是企业文化的集中表达，是统一美。

2. 形象设计的重点

1）形象设计的"形"与"神"

在现实生活中，人们在形容一件好的艺术作品时，常用"形神兼备"一词，指外在和精神都十分协调与契合，既有外形美，又有神韵，给人活灵活现、栩栩如生之感。这个词用在形象设计中也恰如其分，这里所说的"形"，一般是指外壳，即艺术的表现形式，可以看作一个人的外在形象；"神"则是指内核，即艺术的精气神韵，可以看作一个人的内在形象。如果说"形"是躯体，那么"神"就是躯体内的灵魂，内外形象俱佳，则是形象设计的充分表达。职业形象设计需要通过"形"的载体，表现出"神"的气韵，完整地体现出职业形象要传达给外界的思维理念和精神状态。从这个层面上讲，空乘职业形象设计艺术不仅要力求达到"形""神"高度统一，而且要通过对个体外在形象的设计和美化，彰显企业文化与集体风貌。

2）个体及集体的内在、外在形象

从集体形象角度来看，内在形象就是企业文化与发展理念等，外在形象则是企业良好的品牌影响力及统一、协调的整体形象。从个体形象角度来看，内在形象包括品行素质、文化学识、美德涵养、职业道德、社会公德等；外在形象是指采用专业知识和有效的操作方式，结合个体身份、职业及年龄，通过外形、容貌和装扮等打造适宜的风格，并使这种带有艺术性和技巧性的专业呈现结果能够与周围的环境、场合及活动方式等因素相匹配，以帮助个体在完善自我形象的同时，建立自信、提升气质，收获更加满意的职场业绩。

3）形象的内外兼修

形象设计是一个既有分支表现，又有整体张力的系统工程，既可以体现在五官、皮肤、身材等自然条件中，又可以通过对妆容、服饰、发型、形体等条件的设计与修饰，充分展现出美的协调性与整体效果，并将内在美与外在美有机地结合起来，打造出内外一致的完美形象，提升个人魅力。我们要强调的是，无论是面向个体还是集体的形象设计，也无论是哪个行业的形象设计，都不局限于外在形象上的"博人眼球"，更要关注表里如一。内外兼修才是最佳的形象设计方式。

二、形象设计的发展

1. 中国早期的形象意识

早在纺织技术发明之前，人们便学会了用动物毛皮遮体和保暖，并学会了用美石、鱼骨、贝壳等天然原材料对头部、手腕、脚腕等身体部位进行美化和装饰，这可以说是中国形象意识的起源。后来，人们逐渐形成了对形体、面容、情态结合美的认识，强化了形象美的意识，产生了拥有美好形象的愿望。追求形象美的文字记录最早出现在2000多年前的《诗经》中，在《国风·周南·关雎》中，有这样的诗句："关关雎鸠，在河之洲。窈窕淑女，君子好逑。"其中，"窈窕"是指体态美好的样子；"淑女"是指贤惠善良的女子。这两句诗的具体含义是，关关和鸣的雎鸠，相伴在河中的小洲。那美丽贤淑的女子，是君子的最佳配偶。不难看出，古人不但重视外表之美，而且重视心灵之美，美丽贤淑的女子才是君子的绝配。古人表达出对外在形象与内在形象统一之美的坦诚和追求，对形象美具有完整认知，这样的审美观念不得不令今人佩服。因此，从古到今，形象意识一直存在，人们对形象美内涵的认知、理解与追求始终如一。

2. 当代中国形象设计的发展

20世纪80年代末，中国出现了形象设计的初步概念，只不过那时的形象设计还没有明显的职业化特征，人们的注意力大多集中在服饰新颖、发型新潮、美容美白等局部的形象元素上。90年代后，真正意义上的形象设计兴起，尤其是影视剧的形象设计需求进一步推动了中国形象设计与国际接轨，出现了如毛戈平、李东田、吉米等具有影响力的形象设计师，并从明星、名人的造型拓展到企业形象、广告摄影、模特表演、歌舞演出、影视化妆等相关领域。

进入21世纪，随着中国改革开放的不断深化和市场经济的发展，诞生了具有中国元素的形象设计理念——职业形象设计。毫无疑问，这是形象设计发展过程中的一个里程碑，推动着各行各业对本行业员工形象进行量身定做与刻意打造，并从局部及个体的形象美上升到外在形象与内在气质的和谐、统一之美，以及在职业形象元素中融入企业或团体发展理念和文化符号。人们对企业或团体在市场竞争中生存与发展壮大的探索，促使职业形象设计这一美学元素得到更加广泛的实际应用。从最初的美容、化妆、服装设计等单一细节的处理，逐步衍生出行业形象、企业形象、团体形象、员工职业形象等设计划分。空乘职业形象设计也是这一发展趋势的必然结果，既是航空公司形象的具体表达，也是对客服务的现实需求。

3. 形象设计的职业化

实际上，形象设计的职业化是在20世纪六七十年代以来世界工业化的不断发展、企业形象塑造的实际需要等诸多因素的共同推动和作用下逐渐演变而成的，也是经济成熟的标志。职业化形象的出现使各行各业有了相应的社会辨识度。职业化形象代表一个行业或企业具有的公众形象特点及社会公信力、接受监督意识，使本行业或本企业的文化内涵得到进一步诠释。例如，空乘人员展现的端庄大方、清新雅致、柔和细腻等职业化形象，使人们联想到民航运输行业的标准化和规范化要求，以及空乘服务的高端化品质。

从职业形象设计的总体情况上看，各职业类别都有适合本行业的形象特色，符合从业者的身份特征，能够与其他行业或职业区分开来，有一定的大众辨识度。人们通过对其形象的观察，能够清楚地说出其具体的职业或身份，这就是职业形象设计的价值体现，展现出设计者在形象设计过程中的巧妙、合理的构思。空乘职业形象设计是与空乘职业本身分不开的，定位于航班服务岗位，符合工作需要。

职业形象设计包括外在与内在形象设计。外在形象设计注重面部美容、妆容设计、头发造型、身体塑形等形象元素的直观表达，而内在形象设计更多地关注气质修养、语言艺术、非语言艺术等相关细节。进一步拓展，形象设计还涉及心理学方面的知识，如情绪的疏导与缓解、心理状态调整等。另外，一些年轻人为了追求"漂亮"和"美观"，期望通过整容手段达到美化形象的目的。我们并不提倡通过整容的方式来美化形象，恰当的做法是，根据每个人不同的面部结构特点，通过有品位的修饰和妆容，突显与众不同的活力和新鲜感，塑造出独特的美丽形象。如果大家的"长相"千篇一律，也就失去了审美意义。

4．空乘形象设计受流行趋势的影响

空乘形象设计是一种职业形象设计，是为空乘从业者设计的工作形象，因此除了应有的设计理念，以及形象设计本身具有的科学性、艺术性、美学性等，还必然会受到时下流行趋势的影响，在一定程度上渗透服饰的流行色彩、时尚款式、复古风潮、简约理念、审美认知、环境因素等流行元素。例如，20世纪90年代之后，随着人们对传统文化的重视，以及古装剧、时装秀、广告拍摄、选秀节目等风潮带来的影响，具有旗袍元素的空乘制服开始出现在空乘人员身上；近年来比较流行的风衣款式，由于其造型体现了灵活多变、美观新颖、健美潇洒的特点，也在空乘制服中得到很好的展示；带有少数民族服饰风格的空乘制服出现在某些航班上；还有制服面料的花形图案、条纹结构、渐变色，以及丝巾、领带的风格变化。即使服装风格没有较大的改变，也会在面料、色彩、款式与配饰上发生不同程度的变化。

三、职业形象设计的原则

1．符合审美需求

职业形象设计中的审美需求包括如下内涵。

1）符合自身整体的协调美

局部与整体设计应搭配和谐，如妆容的色彩、明暗，头发的造型，服饰的质地、颜色，配饰的选择，以及身材比例、五官比例等，都是形象设计者要综合考虑的因素，要体现出均衡性及一致性，不能顾此失彼。

2）符合交往对象的审美心理

对于空乘人员，交往对象就是旅客。符合交往对象的审美心理，是指让旅客愿意接受，能够赏心悦目，产生美感，否则就难以在旅客面前产生足够的柔和性及亲和力，失去旅客的信任。

3）符合第一印象的需要

职业形象设计是"现在进行时"，而非"过去时"，是适宜交往状态的恰当的形象设计，这也是职业形象设计与其他个体形象设计之间较为明显的区别。人们对他人的第一印象往往是非常深刻而持久的，一旦形成了某种形象记忆，是不太容易改变的，可见职业形象设计对于第一印象的重要性。

4）体现出职业形象美的社会价值

职业形象美可以起到美化交往环境、调节交流气氛的作用，因为追求美、喜爱美、愿意接近美好的事物和形象是人们的天性，所以职业形象美的社会价值不言而喻。空乘人员自然大方、美丽温和的职业形象在一定程度上可以取得安抚旅客情绪、化解旅客冲突，消除旅客乘机时对安全的担忧等效果，并满足旅客乘机时的审美要求。

总之，职业形象是一种美的集合体，具有系统性的社会美学价值，包含多层次、多结构、多学科的综合因素，如人类学、社会学、经济学、印象学、心理学、医学、艺术学和美学等各学科的专业知识。空乘人员的漂亮和优雅，除了自身拥有的先天条件，还要有对自身条件的审视与思考，通过科学的形象设计方法，将自己打造为优雅的气质和漂亮的外形的结合体。

2. 符合职业身份

除了符合审美需求的原则，职业形象设计还必须符合自己在现实生活或职业活动中的角色定位，也就是职业身份，如从事什么工作，工作的性质如何，交往对象是怎样的，身处的环境有哪些特殊性等。就职业身份的设计原则来说，应包括以下内容。

1）符合公司形象要求

职业形象的设计与塑造，实际上是集体或团体框架下的组织形象的基本展示。如果把组织看作一个自然人，其具体岗位就是人身体中的一个部位，受制于整体，也就是说，个体形象必然符合整体的形象要求。空乘人员职业形象的设计要符合航空公司的整体形象要求，体现出集体形象及品牌文化，这是空乘形象设计必须坚守的原则之一。

2）符合岗位服务形象要求

职业形象设计应符合岗位服务形象要求，对空乘人员来说，就是应与航班上的服务环境、服务过程一致，体现出对旅客的尊重和服务的仪式感，展现出空乘人员的职业理念和精神风貌。

3. 符合年龄及个性特征

职业形象设计应"以人为本"，这是因为以人为先决条件的形象设计必然不能脱离个体的实际情况，离不开对个体年龄及个性特征的客观考虑。例如，空乘学员正处于青春焕发的年龄阶段，充满无限生机和活力，形象设计应使年龄与个性亮点更加突出，而不应浓妆艳抹，或打扮得过于成熟。如果是中年的空乘人员，就要体现出优雅、成熟的气韵，有生活的积淀等。当形象设计与个体年龄及个性特征不相符时，不但不能给人带来任何信赖感和审美享受，还很有可能导致对认知的歪曲与误解，造成形象上的伤害，得不偿失。图1-2展示了空乘学员形象。

图1-2 空乘学员形象

既然形象设计的对象是人，就应该从设计对象的立场出发，把设计元素指向人，全面考虑设计对象的内在、外在因素，包括年龄及个性特征等。这也是形象设计的核心观点与思想出发点。如果忽略了这些方面的相关因素，形象设计就是有缺陷和不完整的，既谈不上艺术性，也不符合现实生活中的实用美学原理，更直接忽视了对设计对象应有的尊重，必然导致失真的结果，不符合形象设计的初心和愿望。

另外，职业形象设计还要掌握"顺势而为"的原则，突出优点、避免缺陷、弥补不足，使整体效果具有一种天然的美感，有形似无形，有妆似无妆。形象设计存在三个层次的形象认知飞跃："看山是山，看山不是山，看山还是山"，即"从量到质"的形象转变与气质提升过程。总之，职业形象设计在体现艺术美的同时，更要符合本人的实际情况，不能舍本求末，更不能只追求心理的满足感，因为职业形象设计是职业的现实需要，是综合素质与形象美的统一体。

第二节 形象设计的艺术表达

形象设计作为一种实用性的艺术，通过视觉欣赏角度，在全方位展现个体形象艺术的同时，也把艺术美感深深地刻画在他人的记忆中。人们在面对某个艺术形象时，会不自觉地进行主观意识上的审美，进而内心升腾起对美的鉴赏或感知，产生愉悦感，这就是形象设计的艺术魅力。下面探讨形象设计的艺术表达。

一、艺术表达中的实用美

在今天，形象设计运用非常广泛，已经渗透到人们生活中的各个方面，如家庭聚会、出席会议、外出旅行、开展集体活动、岗位工作等，都需要对自身形象进行必要的设计，都有形象设计的清晰目的，也都具有形象设计的艺术美感，这些都表明了形象设计的实用美。

针对个体进行的形象设计，更要以设计对象的实际需求为终极目的，所有设计元素及设计理念都建立在实用基础上。例如，空乘形象就是为做好对客服务而设计的，以满足旅客的审美心理，展示空乘队伍的精神风貌等。空乘学员的形象设计必不能脱离这个大的目标，要在这个根本原则上进行形象设计，要表现出自然大方、淡雅靓丽、青春朝气等美感神韵。

二、艺术表达中的和谐、统一美

形象的和谐、统一美，是形象设计追求的目标。首先，设计对象的实际需求与形象设计艺术是不可能各自独立存在的，必须是统一的。其次，形象设计是对个体美感的再次创造，是对美的升华，必须满足设计对象的自身特点，并从中挖掘出合适的美感元素，从而为设计对象发现美、创造美。再次，形象设计追求的美是对整个个体的美化创造，设计者要努力在设计中创造出新颖的艺术元素，在进行局部形象优化与创美的同时，使设计对象的整体形象产生和谐、统一的美感。最后，带有美感的和谐、统一的形象设计，可以驱动外界的审美活动，促使审美意识产生，更好地满足人们对生活美的善意追求，最大限度地发挥形象设计艺术的美感功能。

三、艺术表达中的传统美

不同时代、不同地区、不同文化层次等的人群，都存在审美差异，这是因为不同的人对美的定义和看法不尽相同,所以产生了审美观上的差别。但无论时代如何发展、生活如何变化,本民族的传统文化理念是不会改变的,如中国年轻女性的善良温柔、漂亮贤淑、灵巧可爱形象等,中国年轻男性的阳刚睿智、朝气蓬勃、神稳貌秀形象等,都是中国人心目中的传统形象。所以在形象设计中要力求发现传统的美感成分,找到大众审美者内心活动的共性,唤起人们心灵深处对美的一致认同。传统美的元素,对有美好信仰和追求的中华民族来说,是永远都不会过时的。

四、艺术表达中的均衡、呼应美

无论是实用美还是和谐、统一美,抑或是传统美,其实都体现出美感成分的均衡与呼应。

一是个人整体形象的协调搭配,如上下左右的均衡、对称,色彩的协调,发型的配合,妆容与服饰的呼应等;二是仪容形象与举止行为的内外呼应,平衡形象的内在美与外在美,把内心复杂的美感呼唤与外界的审美趣味或美感追求巧妙地对接起来;三是形象设计的美感成分要与所处的环境或场所等相协调,更好地满足现实情境中的实用需求。

形象设计艺术表达的均衡、呼应美,就是要取得浑然天成的艺术效果,给人一种自然而然的美的享受,既要拆除各部位之间的视觉隔阂、盲点及屏障,也不能明显地把"外壳"与"内核"相分离,要有完整的直观式表达与感觉式的体验,包括修养和品行。

五、艺术表达中的完整美

实际上,形象设计就好比房屋装修,不仅要考虑每个房间的风格与美观,还需要考虑使整套房屋风格一致,如是中式的还是西式的,是现代化的还是带有古典韵味的等。相应来看,空乘形象是集体化的形象美展示,不但要求注意个人的形象设计,还要求注意整体的形象美。空乘形象设计就像巨幅长卷,从局部美中创造出个体美,又从个体美中创造出集体美,既是多姿多彩的美,又是整齐划一的美。

另外,我们在追求形象设计艺术的美感成分时,还要关注空乘人员静态美与动态美的完整结合,在讲求面部皮肤保养、妆容修饰、发型配合、服饰搭配、形体塑造的同时,不能忘记仪态、语态之间的和谐美需要,让个人的整体形象散发出由表及里、由内到外的亲和力。这是空乘形象设计艺术要诠释的高雅之态,是空乘形象设计的真实期望。

知识拓展

设计艺术中的黄金比例

黄金比例也称黄金分割,是公元前6世纪古希腊数学家毕达哥拉斯发现的,强调整体与较大部分之比、较大部分与较小部分之比符合1∶0.618时最具美感。这个比值是世界上公认的极具审美意义的比例,蕴含着丰富的美学价值,被人们普遍应用于各个时期的绘画作品、艺术设计、人物造型，甚至事态发展、股票买卖中。可以说，黄金比例的应用无处不在。

在形象设计与造型中，也蕴含着黄金比例的美学价值。人们通常用几何形体的表达方式来形容一个人的身型或脸型，如瘦长形、三角形、倒三角形等。不同的身型或脸型有不同的设计方案，也有针对性的艺术表现。首先要关注设计比例，因为比例是一件艺术设计作品的结构基础，合理的比例有助于获得形象和谐的美感效果。同时，形象设计中的比例分配要以形象设计的功能为前提，使造型结果适用、得体、合理，符合形象美的整体塑造要求。而人体各部位间的比例，就是黄金矩形（长宽之比为黄金比例，矩形的短边为长边的 0.618 倍）的一个典型实例。例如，面部轮廓（发际至颏底间距为长，眼水平线的面宽为宽）；鼻部轮廓（鼻根至鼻底间距为长，鼻翼为宽）；唇部轮廓（口角间距为长，静止状态时上下唇峰间距为宽）；躯体轮廓（肩峰至臀底的高度为长，肩宽与臀宽的平均数为宽）等。另外，不可忽略的是，0.618 是一个约数，是衡量美的标准尺度之一，但在设计艺术中，由于受到种族、社会、地域及个体差异等的制约，允许有一定程度的变化，以获得更加适宜的美感。

第三节　空乘形象的特征

空乘形象设计具有特定形象的具体内涵，以及内容上的特征要求。空乘形象本身具有的一些明显而突出的特征，是其形象设计的支撑点，以及艺术表达方式的来源。

一、形体美与容貌美

1. 形体美

如果单纯地从外部形象对空乘人员进行观察与概括，首要的就是他们优雅的体态。形体美确实是空乘人员在形象条件上的一大优势，这也是空乘队伍集体化形象的共同特征之一。

其实，空乘人员的形体美不仅是形象设计与塑造的内容之一，更是航空公司招聘与选拔空乘人员的一项硬性条件。形象面试（初试）环节就有测量身高、体重的项目，还会测评身体各部位的协调性，如要求双肩平齐；直立时能够双腿紧靠并拢，不能有明显的缝隙，最常用的测评方法就是两腿夹纸测试，行步时两腿之间的纸不能掉落。另外，还会对颈部、手臂、手型、臀部等身体部位进行测评和观察。从形象延伸的层面上看，形体美还表现在空乘人员的仪态美上，如站、坐、行、蹲的姿态与美感等。

形体美也是穿着空乘制服的特别要求。在《诗经》中就有这样的诗句："蜉蝣之羽，衣裳楚楚。"从古至今，人们对服饰美从来都不缺少欣赏，但只有合适的体型才能突显"楚楚"的动人效果，也就是说，空乘人员的形体美是与空乘制服相得益彰的，也是互相匹配的，这样才可以产生应有的美感。无论如何，形体美都是展现空乘人员良好的精神风貌和职业风采的需要。其实也可以这样理解形体美：这是对每位空乘学员或空乘从业人员保持形象美的鞭策和鼓励。

2. 容貌美

容貌美也是空乘队伍集体化形象较为明显的特征之一，当然也是空乘形象设计的重点。容貌美的心理感受就是五官比例协调、妆容得当、双眼有神、表情亲和、发型整洁、微笑自然等。从形象设计的直观角度分析，一是了解空乘人员的妆容特点；二是熟悉化妆品的应用；三是有得心应手的化妆功力等。容貌美的另一层含义是表情、动作的配合，否则再好的妆容设计也只是一张戴着的假面具，难以呈现出理想的容貌美的真实效果。

"俏丽若三春之桃，清素若九秋之菊。"这是清代文学巨匠曹雪芹先生在《红楼梦》中的描写。从空乘人员的形象特征上说，足有借鉴之处。妆容设计既要体现出春日桃花的靓丽和俊俏，又要有秋菊的清雅和洁净，不能过分夸张，要恰到好处，有一种"隐而不露"的状态，让人有美不胜收的感觉。

二、突显职业素养

如果把形体美与容貌美看作空乘形象的硬实力特征，空乘职业素养就可以看作空乘形象的软实力特征，两者相辅相成，缺一不可。空乘人员的职业素养可以直观地理解为自身修养或综合素质，是个人对理论知识、思想品德、职业道德、服务能力、言行举止及处事态度等职业内涵的展示。具体包括：孜孜不倦地追求职业理想，有进步意识，积极而正确地对待周边的人和事，有自我思考能力；人际关系和谐，有良好的关爱心理及帮扶行为；顾大局、识大体，有集体主义观念；热爱本职工作，愿意在自己的工作岗位上发光发热，取得好的工作业绩；有持续学习的能力，思想上要求进步，行为上严于律己、宽以待人，能够严格遵守公司的各项管理要求，做好对客服务工作等。良好的职业素养可以帮助个人不断完善职业行为，从而获得更多的职场成功机会，为职业的健康发展提供机遇。显然，具备怎样的职业素养，就会有怎样的职业表现。

职业素养在一定程度上左右着个人的行为习惯及职业状态，直接影响空乘人员的职业形象，影响旅客对空乘人员形象的接受意愿与最终评价。因此，空乘形象设计应有强有力的职业素养作为依托和铺垫，否则，再好的设计艺术也难以呈现出完美的形象。空乘人员的职业素养体现在如下几个方面。

1. 职业心理健康、真实

从职业道德的角度认识职业素养，首先就是具有健康而真实的职业心理，也就是说，个人的职业选择出于真实的心理认可与职业期待，而非某种自私自利的目的或其他不当想法。个人的职业心理决定择业动机。一是职业选择要从对这种职业的清晰认识和全面了解开始；二是对于航空公司选拔空乘人才的条件与标准要清楚；三是努力完善自己的从业条件，包括职业素养方面的条件，如职业认知、职业理念、从业目的、服务技能；四是及早建立起个人的职业感，如服务爱心、服务关怀、服务观察能力、安全意识等。

航班服务不是简单的劳动付出，也不是单纯地完成规定动作，而是一种具有特殊性的空中运输服务，由于受到飞行环境和飞行条件的制约，机组或乘务组人员必须具备高度的责任意识，这不仅表现在熟练的设备操作技能和良好的服务执行能力上，更表现在对旅客生命安全的切实尊重上。拥有健康、真实的职业心理，是职业修养的开始，是让空乘形象敦实与厚重的那块不可或缺的基石。

拥有健康、真实的职业心理，不仅是保持空乘形象的需要，也是对客服务的需要。试想，在航班上的对客服务过程中，略显枯燥的端拿倒送递的服务日复一日、年复一年，还要解决服务中的各种问题，身累心也累，随时都可能出现情绪上的抵触，假如没有健康的心理状态，就很难在面对旅客时始终保持微笑。另外，不同的旅客有不同的服务需要，当面对旅客提出的各种服务需求，甚至是超出空乘服务范围的需求时，如何耐心地倾听对方的诉求，解答旅客的询问，做好解释工作；当旅客不理解或出现烦躁不安的情绪时，怎样恰到好处地安抚等，都显示出空乘人员必备的强大心理素质，通过有条不紊的服务，加深自己在旅客心中的美好印象。

2. 态度谦和、友善

空乘人员需要具备与职业相匹配的职业态度，这也是职业素养修炼中必不可少的一项内容。空乘职业是一种带有特殊性的空中对客服务，每次执行航班上的服务任务，对于空乘人员的形象都是一种考验与挑战，如果没有谦和、友善的职业态度很难百分之百地完成让旅客满意的服务工作。服务态度是以对客服务意识为基础的，受到个人对服务对象的包容、接纳程度的影响。当我们面对无人陪伴的老人和儿童、生病的旅客、机上突发疾病的旅客时；当飞机遇到气流产生颠簸时；当旅客间出现了矛盾或发生了影响安全秩序的问题时，我们要做到想旅客所想，让他们感受到民航人的职业精神和优质服务，心平气和地处理好各种矛盾及问题，把旅客平安、有序地送达目的地，离不开良好的职业态度保驾护航。

空乘人员谦和、友善的职业素养还表现在礼仪性的对客服务上。俗话说"礼多人不怪"，无论在任何时候，空乘人员运用好礼仪艺术都是提供和谐服务的基础。例如，要把"您好""请问""谢谢"等礼貌语言经常挂在嘴边；当我们无意中出现了服务失误时，往往一个善意的微笑和真诚的道歉就可以缓解尴尬的局面，为自己创造再次服务的机会。正确的对客态度可以减少与避免不必要的客舱矛盾，有利于树立良好的空乘形象，赢得旅客的赞赏。

3. 工作中爱岗敬业

"爱岗敬业"是社会主义职业道德的要求之一。中国几千年来的实践与理论都可以证明，无论哪种行业都需要这样的行为标准，民航业同样如此。空乘服务需要高品质的专业人才，而这种专业人才首先应具备高尚的职业道德，体现在对公司的拥护、对工作岗位的热爱、对旅客的关爱等各层面，并用这种高尚的职业道德来克服工作中的压力和倦怠，战胜困难，突破职业成长瓶颈，长久地为自己注入服务活力与思维灵感，保持对空乘工作的新鲜感与热忱，并在旅客面前始终如一地保持优雅大方的服务形象。

与其他工作相比，航班飞行在万米高空，旅客来自四面八方，有着不同的生活习惯与服务需求，这使空乘人员的服务工作充满了不确定性。这就要求空乘人员具有快速的应变能力，以及足够的耐心细致。不仅如此，在飞行过程中可能出现人为安全隐患、恶劣的天气及气流影响等，这就要求空乘人员做好应对挑战与风险的心理准备，建立安全意识。由此可见，该怎么使用好"十八般武艺"服务好南来北往的旅客，确实不是一件简单的事，如果没有一颗爱岗敬业之心，就不会有踏实肯干的工作意愿，也就不可能在空乘岗位上长期坚守，提供让旅客满意的服务，也无法言及形象美。

4. 言行诚实可信

空乘人员代表了行业和公司的形象，也代表了中国的形象。中国人历来讲求言而有信、言而有实、言行必果的理念，这是中华民族5000年来的文明和美德，也是大国风范的体现。在全球一体化的今天，作为中华儿女的空乘人员尤其要做到这一点，不能给中外旅客留下不诚实、不可信的印象。

言行诚实可信体现在：一是要按照公司的管理规定，执行好规范化的对客服务工作，用规范的语言、手势、操作程序为旅客提供服务；二是要及时关注和了解旅客的服务需求，做好关怀与体贴服务，让旅客有安全感，并且感受到家人般的关爱；三是要做到服务有求必应，即使现场条件不允许，也要向旅客讲清楚原因，争取旅客的谅解，让旅客在心理上感到踏实；四是在服务中还要眼明手快、热情周到、礼貌尊重，用自己的真诚和热情做好对客服务。

另外，空乘人员的职业素养还表现在良好的自律性、状态调节能力，以及坚忍不拔的工作毅力、克服与战胜困难的勇气、坚强的意志等方面。空乘人员的基本素养及综合素质是长期积累和用心学习的结果，要从日常生活中一点一滴的小事做起，不放松对自我的高要求，随时关注自己的表现。

三、自然大方与气质优雅

1. 自然大方

人们在形容一个人的神情、举止和风貌时，常用"自然大方"一词，这也是对空乘形象的通常描述，反映出空乘人员良好的体貌特征及清雅的内心世界。自然大方可以理解为态度和蔼、举止得体、仪态端庄、笑容亲切、轻声细语，给人一种特别精致的感觉，行为上不显得造作和扭捏，或让人感觉不舒服，否则也产生不了形象美的印象。自然大方是空乘形象的整体特征，是内在美和外在美统一的形象要求（见图1-3）。自然大方不仅体现在妆容的淡雅、清新和靓丽，以及合体的服饰或新颖的发型设计上，还体现在个人的综合形象展现和服务表达上。

图 1-3 自然大方的空乘学员形象

自然大方的形象也是良好自信的表现。空乘人员在旅客面前显得亲切随和、落落大方、神情自若、不卑不亢，有气度和神韵等，可以增强旅客对空乘人员的信任，这也是旅客喜欢看到的成熟形象。另外，自然大方的形象也彰显出空乘人员自身的专业素质和文化修养，能够把旅客带进轻松的交流和沟通情境中，打消旅客的紧张和顾虑，使他们更愿意吐露内心的真实想法，在坦诚相待中为空乘人员的后续服务清除障碍。

2. 气质优雅

一般来说，气质是指一个人相对稳定的个性特点和心胸气度，包括性格层面和心理层面的特征。在一定程度上，气质的形成受到生长条件与生活环境的影响。在现实生活与社会交往中，可以从一个人的行为习惯、言行举止、处事风格上观察其气质方面的某些表现，进而判断其具有的气质。气质并非一成不变，需要后天的积极修炼与养成，因而气质也是关注自我形象的结果。

1）空乘气质的修炼

优雅气质需要长期、持续地积累。在校期间应通过学习，养成良好的举止仪态习惯。例如，按照专业指导老师的具体要求，认真训练，努力做到站姿挺拔、行姿优美、坐姿端庄、蹲姿得体、笑容亲切、语言礼貌，不随意放松对自己的行为要求等。入职航空公司后，严格按照公司培训教员的安排与要求，本着勤奋与持之以恒的学习态度努力学习；到了实际的空乘岗位，还要在带飞教员的指导下长期磨炼。同时，要向公司的前辈学习，模仿他们内外兼修的形象气质，获得优雅气质的灵魂。要处处按照公司对空乘人员的形象要求，规范自己的言行举止，认真地保持与维护好个人的优雅气质，以得到旅客对自己气质的满意评价。

2）空乘气质的内涵

空乘人员的优雅气质，可以为旅客营造更加温馨和愉快的乘机氛围，让旅客感受到服务的高质量和高水准，对空乘服务的印象更加深刻和美好，产生更多的心理满足感。因此，从服务旅客，让旅客满意的角度来看，优雅气质必须注重形象的内涵，不仅包括个性修养、文化素质、思想品德、职业道德，以及风度礼仪和审美层次等方面的综合因素，还包括发型设计、妆容设计、服饰搭配、身体塑形等方面的形象设计，外在与内在相结合。

四、规范化特征

空乘学员的形象建立不可能脱离空乘人才的培养目标，即必须建立在规范化、职业化的标准形象基础上，因此，空乘形象还应具备规范化特征。一是民航业整体形象的高标准、严要求；二是空乘职业已经形成的规范化特征；三是空乘形象设计需要以民航统一的形象理念、整体构思等为依据。显然，空乘形象具有非常严肃的科学性、人文性、社会性、服务性、代表性等元素。可以说，空乘职业形象是规范化形象的标准执行，既要建立起形象规范化的自觉意识，也要有标准化形象设计的主动行为。空乘形象的规范化特征体现在如下方面。

（1）着装规范化。服饰搭配应具有一致性，使人产生整体的视觉美感，突出规范性。

（2）妆容规范化。妆容应自然大方、雅致靓丽，有亲和力，具有动态美和静态美。

（3）发型规范化。发型应整洁、美观，与妆容、服饰构成统一协调之美。

（4）微笑规范化。微笑自然，用标准式的笑容传达内心真诚的关怀与体贴。

（5）语言规范化。使用规范化的礼貌语言，有温度、有尊重和亲切感。

（6）动作规范化。使用规范化和标准化的礼仪动作，诠释民航运输服务的高质量要求，树立空乘人员良好的职业形象。

（7）程序规范化。按照规范化的管理规定执行操作程序，使民航运输服务安全、有序。

长期以来，空乘人员对职业形象的严格要求，良好的职业修养和素质表现，以及标准化的行事风格，使大众对其形成了固有印象，如青春靓丽、笑容甜美、穿戴整齐、干净整洁、仪态大方、举止得体、待人亲切、灵活智慧和干练理智等。空乘形象的极致规范，就是旅客对空乘人员的心理期待。这样的规范特征是精心设计的外在美和长期修炼的内在美在互相融合与激发中最终实现的，必不可忽略其中的任何一项。

第四节　空乘形象设计的总体要求

我们不仅要了解空乘形象的特征，知道为什么要进行形象设计，还要清楚地知道航空公司在选拔空乘人才时对形象的考核标准，以及形象设计的要素，只有这样才能有效地掌握形象设计的要领，设计出符合空乘职业要求的形象，满足日后求职就业、应聘面试及岗位服务等的工作需求。

一、空乘形态测评的标准要求

在航空公司招聘空乘人才的要求中，身高、体重是基本的硬性标准，形态、口语、英语能力是必备的素质条件。此外，机考成绩、心理因素、职业取向、价值追求、行为态度也是重要的考核点。如果把面试总分值看作 100 分，那么仪表形象、体态举止等方面的因素几乎可以占到 50 分，甚至影响最终结果。空乘学员加强日常体态训练，保持良好的专业形象十分有必要，而且非常重要。

空乘形态测评的标准要求通常如下。

（1）五官比例协调，面部轮廓清晰。

（2）发色自然，发型整洁。

（3）双眼有神，在同一水平线上，眼球对称性好。

（4）眉毛粗细适中，眉间分明。

（5）鼻翼两侧对称，鼻尖不歪斜，鼻毛不外露。

（6）嘴型好，嘴巴宽度、嘴唇厚度适中。

（7）耳朵左右对称，两耳大小适中，耳垂圆润，色泽粉红。

（8）身体比例较好，颈部颀长，头部不歪斜。

（9）两肩对称，挺胸，腰部有力。

（10）臀丰无下坠，双腿挺直，腿部线条流畅。

（11）皮肤光洁，有弹性。

（12）手型好，双手及手臂无明显疤痕。

（13）站姿、坐姿稳重、端庄、大方。

（14）步态优雅，动作协调，富有节奏感。

（15）面部表情自然，充满亲和力。

二、空乘形象设计的要素

基于航空公司考核与录用空乘人才的形态标准要求，我们对空乘形象设计的要素进行概括性的阐述。从严格意义上说，空乘形象包括直观形象和非直观形象，直观形象就是通过视觉产生的外在形象，非直观形象则是通过言行举止表达的形象。通常，人们把形象设计的范围界定为外观形象，即对直观形象进行艺术设计。空乘形象设计的直观要素一般包括服装、配饰、发型、妆容、形体等，我们将在后续章节中详细阐述。

1. 服装

形象设计中的服装表达要素，是除身体的遮盖与保暖等基础功能外的形象美化艺术，是带有美感成分的功能性要素。因为在人们对某个形象的直观感受中，服装占据了较大的视觉空间，具有一定的冲击力，能够形成较为深刻的记忆，所以对于个人整体形象设计，服装表达要素十分重要。服装表达要素即质地、颜色和款式。不同的面料材质和图案色彩，会产生不同的视觉效果，给人不同的心理感受。在服装款式的选择上，更要注意与自身体型、发型、年龄、职业等元素的配合，在得体大方的服装设计和造型效果中，体现出形体的动态与静态美。服装表达涉及美学、人体结构学、健康学、心理学、认知科学及社会学等方面的知识。服装的选择要在了解上述因素的前提下，将服装设计艺术运用到整体形象表达中，使服装起到扬长避短的作用，符合视觉审美及心理审美的需求，让自身的整体形象更符合航班运输服务的场景需要，构造好职业角色。

2. 配饰

配饰一般包括发饰、颈饰、首饰、胸针、鞋、帽、包等，是人们在穿着服装时的搭配饰品，对服装的美感表达起到烘托和点缀的积极作用。恰到好处的配饰可以起到优化与提升服装的形象效果的作用，能够充分体现出个人的穿着品位和艺术修养。空乘人员的配饰一定要按照航空公司的管理规定执行，如女乘务员的帽子、丝巾、胸牌、鞋袜的搭配，男乘务员的领带、鞋子、胸牌的搭配，以及个人佩戴的钢带手表、耳钉、戒指的要求等。航班服务中不可随意搭配配饰，以免违反公司规定。

3. 发型

发型设计是指根据个人头部形状、发质、发量，以及整体形象设计要求，对头发的长短、色彩、蓬松程度、分布状态等进行艺术性的再塑造，使用各种各样的美发工具进行有目的的造型，以满足形象美的要求。随着科技的进步，市面上出现了种类繁多的美发工具及用品，如染发剂、定型发胶及一些烫染工具等，让人们的发型变得千姿百态，美轮美奂。发型还可以起到修饰脸型的效果，使人显得更加年轻与时尚。空乘人员的发型要符合航班运输服务的形象标准。

4. 妆容

爱美是人的天性，从古至今，人们对自己的妆容都十分看重，特别是女性更愿意花时间为自己化妆。随着生活品质的提升，现在越来越多的男性也开始注重个人的面部妆容，化妆也成为空乘人员必须掌握的一门实用技能。化妆其实就是运用化妆品和化妆工具，按照化妆的规则或步骤，对人体的面部及五官进行艺术性的描画与造型，通过色彩的调和与搭配，增强视觉效果，掩饰缺陷，并使妆容与服饰、发型形成和谐的统一体，以更好地展示自我形象，或强调形象的职业化，因而化妆在形象设计中起到了"画龙点睛"的作用。在现代生活中，化妆被赋予了诸多实际意义。化妆是一种尊重他人的行为，是一种内心自信的表达，更是一种自律的生活态度。基于民航运输服务的实际需要，空乘人员的妆容设计不可忽视。

5. 形体

形体塑造即通过科学的训练方法，使身高、体重等数值达到标准要求，并对身体外观形象进行适当的修复和矫正，以获得视觉上的美感。形体与人的运动能力及训练方式有一定关系，形体虽来自先天遗传，但是后天的塑造也是相当重要的。形体塑造是一个长期坚持的过程，必不可有偷懒或懈怠的心理。还要注意饮食合理、睡眠充足、情绪稳定、心情开朗，这样更有利于保持形体的稳定。

6. 非直观要素

除了形象设计的直观要素，还有非直观要素，包括仪态要素、语态要素等，这里只简要介绍，不作为本书重点。

1）仪态要素

仪态是指人在行为中身体呈现的姿势、举止、动作和样子。在交往中，往往可以通过一个人的仪态来判断他的品格、学识、能力，以及其他方面的修养程度。仪态美是一种综合的美，是身体各部分器官相互协调的整体表现，同时包括一个人的内在素质与仪表特点的和谐一致。空乘人员表现出来的高雅气质与优美仪态，可以给旅客留下非常深刻的第一印象，获得旅客的好感。仪态包括站姿、坐姿、行姿、蹲姿、端姿、手势、表情等。空乘学员可以通过课堂训练和课下练习相结合，培养良好的仪态。

2）语态要素

语言是实现人际交流的重要手段，良好的语言表达能力是空乘人员必不可少的一项基本技能。当面对来自不同国家和地区，具有不同文化层次、职业、年龄、社会地位及不同风俗习惯的旅客并为他们提供服务时，得体、恰当的服务语言，一定会使旅客有愉快、亲切之感，对空乘服务产生良好的印象。从形象内涵的角度来说，语态要素也属于形象美的范畴。空乘学员使用礼貌和规范用语，养成良好的语言习惯，可以为将来的空乘工作加油助力。

（本章图1-2、图1-3由广东肇庆航空职业学院提供。）

本章实操

1．在理解形象设计的定义及职业形象设计原则的基础上，请认真思考空乘形象的内涵，加强个人内在修养，关注和培养个人的优雅气质。

2．依据空乘形象的特征与空乘形象设计的总体要求，用心练习个人的手势、表情和微笑，注意使用礼貌用语。

思考练习题

1．空乘形象设计的定义是什么？包括哪些重点？
2．空乘学员为什么要进行个人职业形象设计？
3．职业形象设计的原则有哪些？
4．形象设计艺术表达的美感成分体现在哪些方面？
5．请谈谈你对空乘形象规范化特征的体会和认识。

第二章
空乘服装、配饰与搭配

章前提要

服饰可以粗略地分为服装和配饰两部分，是仪表形象的重要组成部分。带有职业特征的制服与配饰，更是承载着丰富的职业信息，代表着一个行业的集体形象，在一定程度上规范着从业者的行为举止。一旦穿上了制服，就等于进入了工作状态，必须按照管理规定的标准及要求执行好工作程序，管理好自己的形象，空乘制服也不例外。此外，各种场合的穿着打扮越来越受到人们的重视。本章着重阐述了色彩的应用、服饰搭配原则、空乘制服配饰等主要内容，使读者了解空乘制服的特点和作用，从学生到职场的着装风格转换，以及不同场合的服饰搭配艺术，以塑造良好仪表形象，为日后的乘务工作增添亮色。

学习目标

1. 了解色彩的分类及应用。
2. 掌握服装与肤色、妆容和体型的搭配要点。
3. 熟悉空乘制服的特点、风格与搭配原则。
4. 理解社会交往中的服饰搭配。

第一节 服装的色彩

俗话说"人靠衣装，佛靠金装"，足见服装对形象设计的重要性。服装离不开色彩，掌握了色彩的分类、视觉效果及搭配原则，就可以得心应手地装扮仪表、提升品位，呈现完美的服装形象。色彩是一门学问，也是一门形象艺术。如何把色彩有序地应用在服饰搭配中，是空乘形象设计的一大主题。下面着重讲述色彩的分类、应用及搭配。

一、色彩的分类及应用

1. 色彩的分类

在五彩缤纷的世界中,人们能够感受到的色彩非常丰富。按照种类,可将色彩分为三种,即原色、间色和复色;按照系别,可将色彩分为两种,即无彩色系和有彩色系。

1)原色、间色和复色

(1)原色。色彩中不能再分解的基本色称为原色。原色能合成其他色,而其他色不能还原成原色。原色只有三种,即色光三原色(见图 2-1):红、绿、蓝。色光三原色可以合成所有色彩,若同时相加,可得到白色。

(2)间色。原色中的两种颜色进行混合,得到的颜色称为间色。间色也只有三种,即橙色、紫色、绿色(见图 2-2)。三原色中的红与黄调配出橙色;红与蓝调配出紫色;黄与蓝调配出绿色。值得一提的是,在进行调配时,基于三种原色在使用比例上的不同,还可产生丰富的间色变化,与其他颜色共同构成色彩缤纷的世界。

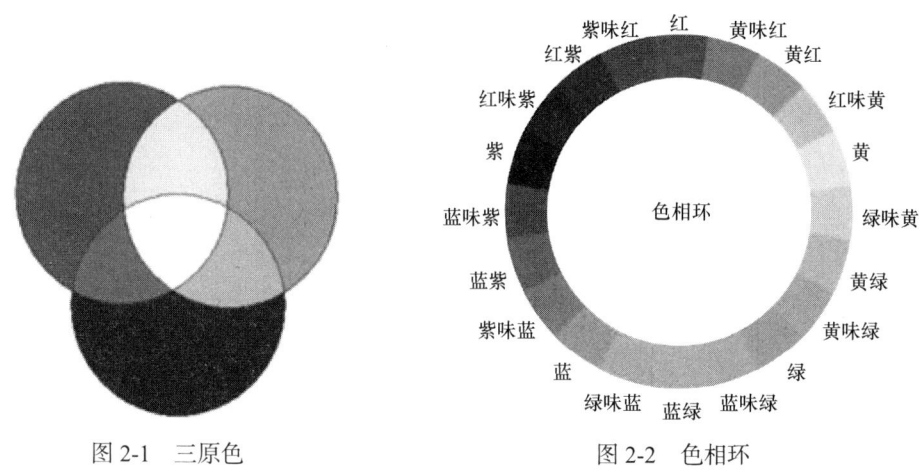

图 2-1 三原色　　　　　　图 2-2 色相环

(3)复色。颜料的两种间色或一种原色和其对应的间色(红与绿、黄与紫、蓝与橙)混合,所得到的颜色称为复色。复色中包含所有原色成分,只是各原色的比例不同,从而形成了红灰、黄灰、绿灰等灰调色。

2)无彩色系和有彩色系

(1)无彩色系。无彩色系是指黑色和白色,以及由黑、白两色混合而成的各种深浅不同的灰色。无彩色系虽然没有有彩色系那样夺目,却有着有彩色系无法替代的重要作用。在生活中,肉眼看到的颜色或多或少都包含黑、白、灰的成分,设计的色彩也因此变得丰富。

(2)有彩色系。将无彩色系排除后,剩下的颜色就是有彩色系,包括基本色、基本色之间的混合色或基本色与无彩色之间的混合色等。有彩色系中各种颜色的性质是由光的波长和振幅决定的,它们分别控制色相和色调(包括明度和纯度)。有彩色系中的任何一种颜色都具有色相、明度和纯度这色彩三要素。

2. 色彩与肤色

在日常生活中，色彩是选择服饰时首要考虑的因素。正确选择适合自己的颜色，能使自己整个人看上去更加健康、美丽，反之则会显得精神不振、黯淡无光。在选择服装颜色时，要对自身与生俱来的眼睛色、头发色和肤色进行综合考虑，最终选择最适合自己的色彩。中国人属于黄种人，头发和眼睛的颜色一般相差不大，但肤色有所差异。皮肤较为白皙的人，可以多尝试一些暖色调的服装，使皮肤显得更加红润、健康；皮肤较为暗黄的人，可以多选择一些冷色调的服装，以提亮肤色。

3. 色彩与形体

有时，服装色彩的正确选择能够弥补形体上的小缺陷。鲜艳、温暖的颜色会给人以膨胀、跳跃的感觉，形体偏胖的人想要让自己看起来更加苗条，亮色、暖色的服装就不太适合。应该选择一些暗色、冷色，给人以收缩感，切忌使用光泽感过强的面料。相反，身体消瘦的人应选择浅色和暖色的服装，这样会显得更加丰满，避免使用暗色、冷色。个子矮小的人应注意选择上下装色调较为一致的服装，制造视觉延伸感，从而显得更高。总之，不同的色彩给人带来不同的心理感受和视觉冲击，在选择不同色彩的服装时，除了考虑服装传达的情感因素，还要考虑色彩对穿着者的修饰作用。只有综合考虑各方面，才能穿出得体的风格。

二、色彩的视觉效果和心理效果

1. 色彩的视觉效果

1）红色

在中国，红色不仅象征着欢乐、喜庆，同时表达了人们对亲情、爱情等各种情感的向往。红色是最具有穿透力、最醒目的颜色。它使人产生热情、性感、权威、自信的感觉，是能量充沛的色彩。有时红色也会使人产生负面的感觉，如血腥、暴力、嫉妒、恐怖。因此，不是所有的场合都适合穿红色服装。如果是参加面试，或者与合作单位谈判，那么红色是最不适合的颜色。不过，当出席年会、庆典等重大活动，想要在众人面前展示自己的自信与风采时，红色则是不二之选。

2）黄色

黄色是所有颜色中最鲜艳、最明亮的，常常使人产生光明、辉煌、轻快、纯净、快乐、希望、智慧的感觉。因为在古代，许多帝王都选用黄色作为其服饰的主要颜色，所以黄色也给人以崇高、智慧、华贵、威严和仁慈的感觉。在服装设计中，黄色常被用于运动装和儿童服装，体现出年轻、活力。但因为黄色过于鲜亮，缺乏重量感，所以在日常时装搭配中常常仅用于点缀，提亮服装的整体色调。

3）绿色

绿色是大自然中最常见的颜色，象征着生命、青春、和平、安详、新鲜、健康、安全等，给人以舒适、包容、平和的感觉。在职场、艺术欣赏会、郊游等场合，绿色都是不错的选择。

4）蓝色

蓝色是一种极具空间感的颜色，除了使人联想到一望无际的天空，还常常让人想起浩瀚的大海。高纯度的蓝色总会使人产生干净、神秘、清凉的感觉，体现出一个人理智、稳重、沉着、冷静的性格。如果想要在职场中或商务谈判等活动中展现出自己理智、冷静、干练的风采，选择一身蓝色套装就会给自己增添几分光彩。

在服装设计中，蓝色是许多设计师喜欢选用的颜色，其在不同材质上表现出来的视觉效果也各有不同。蜡染、扎染的蓝色花布看上去淳朴、脱俗；蓝色皮革看上去时尚、前卫；而蓝色缎面看上去高贵、典雅，极具品质感。

5）紫色

紫色由红色和蓝色混合而成，所以既有红色的热情，又有蓝色的冷静，是一种极具矛盾的颜色。这种矛盾带来了一种神秘感。当紫色中红色成分较多时，给人以妩媚、性感、娇艳的感觉；当紫色中蓝色成分较多时，则会给人以高贵、神秘、奢华的感觉。因此，纯度较高的紫色面料常常被用来设计制作礼服。

2. 色彩的心理效果

为了能够恰当地体现出色彩的神奇魔力，还必须正确运用色彩的心理效果，即色彩在服装设计中传递的情感，如情绪感、重量感、距离感、大小感和软硬感等。

1）情绪感

色彩会使人产生温暖、寒冷、凉爽等感觉。例如，日光、火的颜色都属于偏暖的色调，因此，红色、橙色、黄色都是给人带来温暖的色彩。而海洋和冰的颜色都属于偏冷的色调，因此，蓝色与紫色等都会使人产生清凉、冷静的感觉。

2）重量感

有些色彩看上去很厚重，如棕色、褐色等；有些色彩看上去则很轻快，如白色、天蓝色、粉色等。

3）距离感

色彩可以使人产生远近的感受。例如，明亮的颜色会使人产生前进感，灰暗的颜色会使人产生后退感。同样，暖色系色彩看起来比较近，而冷色系色彩看起来比较远。

4）大小感

与距离感同理，较浅的色彩显大，较深的色彩显小，通常我们说的"深色显瘦"就是这个道理。

5）软硬感

一般来说，明亮的暖色会使人产生柔软的感觉，灰暗的冷色会使人产生僵硬的感觉，这与重量感同理。

色彩是服装的整体艺术气氛和审美感受的重要因素，相同的色彩搭配不同材质的面料会产生不同的视觉效果。例如，在厚重的毛呢类秋冬面料上，如果使用纯红色或黑色，就会给人以沉着、稳重的感觉；而在织入金银色的柔软丝绸面料上，纯红色和黑色则会给人以奢华、高贵的感觉。如果在欧根纱、乔其纱、雪纺等面料上使用红色，就会给人以温柔、飘逸的感觉，而在人造纤维、树脂等挺括的非纺织面料上使用红色，就会给人以冷峻、理智的感觉。可见，完全相同的红色被用到不同面料上，就有了各自的"个性"，这在很大程度上影响着人们的感觉。面料是服装的物质基础，在服装形象设计中可以尝试总结各种色彩与面料的"模样""表情""性格"，体会什么样的色彩和面料搭配能够给自己增加亮点。

三、服装色彩搭配方式

1．黑+白+灰：永恒经典

黑加白可以营造出强烈的视觉冲击力，而近年来流行的灰色融入其中，可以缓和黑与白的冲突感觉，从而营造出另一种不同的风格。这三种颜色搭配出来的空间充满现代与未来感。在这种色彩情境中，会产生理性、秩序与专业感。

2．蓝+白：浪漫温情

天空是浅蓝的，海水是深蓝的，白加蓝的配色可以把白色的清凉与无瑕表现出来，令人感到自由和心胸开阔。

3．银蓝+敦煌橘：现代与传统

蓝色系与橘色系的色彩搭配，碰撞出兼具超现实与复古风格的视觉效果。

4．黄+绿：新生的喜悦

鹅黄色搭配果绿色是一种很好的配色方案。鹅黄色是一种清新、鲜嫩的颜色，果绿色是让人感觉内心平静的颜色，可以中和黄色的轻快感。

5．红+白+粉红：时尚艳丽

红色是最抢眼的颜色，粉红色虽不像红色那样强烈，但是让人印象鲜明，在表现可爱、成熟时都可以使用。华丽的红色、纯净的白色、鲜明的粉红色互相衬托，时尚艳丽。

6．灰+红：动人魅力

以白色为代表的无彩色系的颜色，无论和什么颜色搭配都很合适，而且不会显得杂乱。同属于无彩色系的灰色与红色搭配也很出色。红色与灰色搭配，在统一的鲜亮色调中加入素雅的暗色色调，显得格调高雅，富有现代感。

7．黄+橙+灰：阳光暖意

色彩鲜明程度最高的要数黄色，黄色可以给人温暖的感觉。作为明亮的黄色的配色，灰色和橙色都很适合。

8．蓝+紫：梦幻组合

这是以蓝色为中心的色彩组合。蓝色在视觉上具有缩小、退后的效果，可产生层次感。与蓝色相近的紫色作为配色，可以缓和深蓝色的沉重感，给人以梦幻般的感觉。

9．黄绿+粉红：绮丽可爱

黄绿色代表年轻，粉红色代表可爱。将这两种颜色组合在一起，是对比色搭配的一个很好的例子，可产生甜美、可爱的效果。

四、服装色彩搭配技巧

在日常生活中，我们经常看到黑、白、灰与其他颜色的搭配。黑、白、灰为无彩色系，因此无论与哪种颜色搭配，都不会出现大问题。同一种颜色，与白色搭配时显得明亮，与黑色搭配时显得昏暗。不要把沉重的色彩，如深褐色、深紫色与黑色搭配，这样会出现和黑色"抢色"的效果，令整套服装没有重点，而且显得很沉重。在进行服装色彩搭配时，应先考虑一下想要突出哪个部分，不要只根据个人喜好来确定服装，或者无目的地乱搭。

恰到好处地运用色彩，不但可以修正、掩饰身材的不足，而且可以突出自身的优点。例如，对于上轻下重的身材，宜选用深色、轻软的面料做成裙或裤，以此削弱下肢的粗壮感；高大丰满的身材，在选择外衣时宜采用深色。下面介绍几种简单易学的搭配技巧。

1．单色服装搭配

单色是最高级的一种搭配方法，而且容易掌握，运用场景广泛。一般来说，单色单品比撞色单品更显沉稳，也就更容易穿出简单而华美的淑女气质和知性大方的感觉。在选择颜色时，注意颜色要适合自己，一般以中性色为主。

单色服装搭配时颜色虽单一，但是要注意服装质感的差异。单色搭配需突显面料的质感和层次感，因此必须至少选择三种不同质感和肌理的服装与配饰。

2．黑白色服装搭配

黑白色服装搭配简约、经典，风格干净利落。黑白色服装搭配安全系数高，不用担心会穿错，因为无论怎么穿，都比较显气质。黑色和白色都是不挑人的颜色，搭配起来也很有视觉冲击力。

黑白色服装搭配时要注意颜色比例，可以上身穿黑色，下身穿白色，反之亦然。3∶7、5∶5的比例都可以。如果希望服装上白色占比少，则可以增加黑色配饰来点缀，当然也可以搭配其他亮色首饰。

3．同类色服装搭配

同类色服装搭配是指深浅、明暗不同的同一类颜色的服装搭配在一起，如青色配天蓝色、墨绿色配浅绿色、咖啡色配米色、深红色配浅红色等。同类色服装搭配显得柔和、文雅。

4．近似色服装搭配

近似色服装搭配是指两种比较接近的颜色的服装搭配在一起，如红色与橙红色或紫红色相配，黄色与草绿色或橙黄色相配等。虽然不是每个人穿绿色都好看，但绿色和嫩黄色的搭配会给人一种春天的感觉，看起来非常素雅。

第二节 服装、配饰的搭配原则

了解色彩搭配的目的是更好地把握服装、配饰的搭配原则，而高雅的服装搭配离不开肤色、妆容、体型、配饰的共同托举和映衬，这些形象要素是相辅相成的。

一、服装与肤色、妆容、体型的搭配

1．服装与肤色的搭配

色彩可以表达一个人的个性和情感，同样颜色的服装穿在不同的人身上效果也不同。肤色是判断一件服装是否适合这个人的重要条件。要找出适合自己的色彩，就要先确定个人肤色的基调，肤色不同的人适合不同颜色的服装。

（1）肤色白皙的人不宜穿冷色调的服装，否则会显得脸色苍白。肤色白皙的人能驾驭大部分颜色，尤其是黄色系与较浅的蓝色系，如淡橙红、柠檬黄、苹果绿、紫红、天蓝等明亮色彩。

（2）肤色较深的人适合浅色调、明亮些的服装，如浅黄、浅粉、米白等颜色，会使人看起来更有个性。通常，墨绿、枣红、咖啡、金黄都会使人看起来自然、高雅，可衬托出肤色的明亮感。肤色较深的人不适宜穿深色服装，最好不要穿黑色服装，以免使面孔显得更加灰暗。

（3）肤色偏黄的人适合红色系或浅蓝色服装，如酒红、淡紫、紫蓝等颜色，能使面孔看起来更加白皙。深褐、品蓝、群青、蓝紫、橘红等颜色则应尽量避免，以免使面孔显得更加黯沉无光。

（4）肤色为健康小麦色的人宜穿白色服装。健康的小麦色皮肤与白色服装的相遇，能碰撞出非同一般的搭配火花。只要选择合理，以小麦色肤色为底色，白色服装在质地、款式与配饰选择上千变万化，可令拥有健康小麦色肤色的人展现出自己的性格魅力。

（5）肤色为黄白色的人适宜穿粉红、橘红等柔和的暖色调服装，不适宜穿绿色和浅灰色服装，以免显出"病容"。

（6）气色不好的人适宜穿白色服装，显得健康，不适宜穿青灰、紫红色服装，以免显得更加憔悴。

2. 服装与妆容的搭配

服装与妆容搭配的总体原则与服装搭配类似,即弱化自己的缺点(如黑眼圈、暗淡的肤色),突显自己的优势(如眼睛、轮廓、鼻梁、嘴唇),整体和谐一致。

(1)借助化妆品突显优势。想想个人的优势在哪里,如果是眼睛,就重点修饰,画眼线、涂睫毛膏能让眼睛更加灵动;如果是嘴唇,就用适合自己肤色的口红来突出。

(2)根据场合选择妆容。在日常生活中,或者穿着比较随意外出的时候,稍稍化妆会让自己看起来更有精神,如果实在不喜欢化妆,则可以简单涂上口红,画上眼线。在平时的工作或社交中,应该化淡妆。

(3)妆容与服装之间的和谐。这一点很重要,要让身上的颜色不冲突(从面部妆容到服饰搭配)。一件暗淡的服装可以搭配颜色鲜艳的口红,但是,颜色鲜艳、图案繁杂的服装则需要更柔和的妆容来搭配。

3. 服装与体型的搭配

如何根据自己的体型,找到适合自己的服装呢?先要了解自己的体型特征。图 2-3 展示了不同的体型。

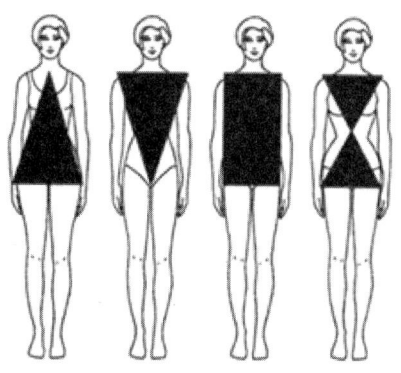

图 2-3　不同的体型

(1)三角形体型。三角形体型的明显特征是肩比臀窄,脂肪分布不均匀,通常堆积在臀部、腹部与大腿处。适宜"上松下紧"或"上浅下深"的搭配原则。

穿搭方法:①上装。横条纹会让上身看起来比较宽,非常适合三角形体型,这样上身就不会显窄。②下装。深色的阔腿裤、直筒裤都是不错的选择,可以遮掩宽大的臀部。③鞋子。高跟鞋会让腿显得修长,可避免他人的目光聚焦在身体中间部位。

(2)倒三角形体型。倒三角形体型的明显特征是宽肩窄臀,脂肪通常分布在身体的上半部分。在修饰时要注意弱化肩宽,增加臀宽,使身材看起来平衡和有美感。

穿搭方法:①上装。不要选择袖子带有装饰的上衣,否则上身看起来会更宽、更粗壮。②下装。蓬松的下装可以修饰过宽的肩部,如伞摆裙和宽松的裤子。另外,倒三角形体型的人不宜穿修身裤。③鞋子。选择色彩夸张的鞋比浅色的鞋更合适,适度转移他人对上身的注意力,避免"头重脚轻"。

（3）矩形体型。矩形体型是典型的无曲线体型，或许整体看起来不算胖，但是因为腰部"S"形线条不够明显，所以上身欠缺柔和的美感。

穿搭方法：①上装。延长肩部线条的一字领和收腰款式都合适，切记不要穿宽松的上衣。②下装。适合包臀裙，尽量选择高腰款式，让视线集中在突出的臀部线条，看起来婀娜多姿。③鞋子。无论是平跟鞋还是高跟鞋都适合，但要放弃超高跟鞋和运动鞋这两种极端的选择。

（4）椭圆形体型与沙漏形体型。椭圆形体型的特征是有圆润凸起的腹部，腰部的宽度大于肩部和臀部的宽度。椭圆形体型的人可通过制造胸位线来遮掩腹部曲线，高腰位线的服装可以优化体型。沙漏型体型的特征是肩与臀的宽度接近，腰部有一定曲线，这是亚洲女性较为常见的体型。沙漏型体型可以选择强调腰线的服装款式，打造松紧有度的廓型，展现曲线。

穿搭方法：①上装。选择短款外套、紧身T恤，可以突出腰部的优势。②下装。选择合适的修身款低腰裤，但不要选择没形的下装，长度在腿部最粗位置的裙装也要避免。③鞋子。沙漏型体型适合各种款式的细高跟鞋，最好不要穿中粗跟鞋。

二、服装与配饰的搭配

服装与配饰的合理搭配绝不能理解为只能用一种颜色、一种面料或一种款式，而是把全身各种不同的颜色、面料、风格、款式巧妙地结合在一起，使之产生集中的感觉，成为一个主题，更具视觉冲击力。这要求穿着者不能忽视细节的选择，避免鞋子、帽子、饰品、书包、手表、大衣、袜子等与上下装不协调。只有主题清楚、集中的形象，才是舒适的、协调的、美丽的。基本色（黑、白、灰、驼色）之间的相互搭配一般是没有问题的。最常见的配饰有丝巾、帽子、手套、皮带、腰带、鞋袜等。图2-4展示了丝巾佩戴效果。

图2-4 丝巾佩戴效果

1. 丝巾

可以把丝巾变换成不同的造型与服装搭配。在挑选丝巾的时候，重点是看丝巾的颜色、图案、质地和垂坠感。当中意某款丝巾时，首先，将其贴近面部，看一看与自己的脸色是否相配。如果与脸色不配，则立即舍弃。其次，戴好丝巾，从远处照镜子，确认丝巾与体型及服装整体是否相配，后背效果和侧面效果也不能忽视。最后，要明确自己的搭配目的，是想与职场着装相配，还是要在晚宴上一展风采，同时要考虑丝巾与口红颜色、腰带或提包等小饰物的匹配度。

2. 帽子、手套

帽子可以起到御寒、遮阳和装饰的作用。一般来说，在空乘制服中，帽子的款式和颜色应与服装的风格相一致。在日常生活中，帽子的选择余地比较大，特别是夏季帽子，款式繁多。

除了御寒，手套还有保持手部清洁和防止太阳晒伤等功能。在西方的传统服饰中，手套曾经是必不可少的配饰。在佩戴手套时，手套的颜色应和服装的颜色相协调。但当与别人握手时，无论春夏秋冬，都要摘掉手套，以示礼貌。

3. 皮带、腰带

皮带、腰带更重要的是起装饰作用。特别对于男士，各种不同质地的皮带呈现出不同的风格。一般来说，商务风格的皮带都比较简洁。如果与商务伙伴出席晚宴，就可以选择款式略活泼的皮带，展现个人风格。男士使用皮带应注意以下两点。第一，皮带不能携挂过多物品，应体现简洁、干练。第二，注意皮带的长度，系好后的皮带，尾端应介于第一和第二裤襻之间。皮带的宽度应为三厘米。太窄则有失分寸，太宽则只适合休闲、牛仔风格的装束。

女士的腰带比男士的皮带种类更多，根据质地，有皮革的、编织物的、其他纺织品的。纯装饰性的腰带适用的场合更多，款式也多种多样。女士使用腰带应注意以下三点。第一，要和服装相协调，包括款式和颜色。例如，穿西装套裙时一般选择简洁、花样较少的腰带，以便和服装的端庄风格相配。第二，要和体型相协调。如果体型瘦高，就可以用较显眼的腰带增加横向宽度。如果上身长下身短，就可以适当提高腰带到比较合适的上下身比例线上，以取得比较好的视觉效果。如果体型矮胖，就要避免选择大的、花哨的宽腰带。第三，要和场合相协调。职业场合不要用装饰太多的腰带，应显得干净利落。休闲或参加晚宴、舞会时，腰带则可以花哨些。

4. 鞋袜

男士与西装搭配的鞋子，首先要求款式简单、质地精良，颜色略深于西装。如果上下装颜色不同，就应先找出在全身占比最大、分量最重的颜色，再找一双颜色相同的鞋和它相配。如果与休闲装搭配，鞋子在材质、颜色上就有了更多选择。除了黑色，各种浅色的休闲鞋也比较多，可根据服装的颜色、面料进行选择。男士的皮包、皮带、皮鞋颜色应一致，袜子一般倾向于深色，如深蓝、黑等。注意袜子的长度要足够长，穿西装时，袜口不要露出。

女士的鞋子无论是款式还是颜色，可选范围都更广，正是因为选择范围较广，所以更需要注意细节。例如，如果参加面试，则不建议选择颜色鲜艳的高跟鞋，保守一些的黑色或深色鞋子比较合适，能给人稳重踏实的感觉；鞋跟不要太高，款式也不要过分时尚。

同样，女士的袜子可选范围也很广。短袜一般只适用于长裤，对裙装来说，穿长袜更适合，这样可以突出女性的腿部美，并且可以修饰腿部皮肤的缺陷。肉色的长袜可以突出皮肤美，暗色的长袜可以显腿细，有修正形体的效果。有刺绣或清晰纹路的长袜不适合在白天穿。另外，破了的长袜最好不要再穿，女士应在包里放一双长袜，以备不时之需。

图 2-5 展示了空乘学员服饰搭配。

图 2-5　空乘学员服饰搭配

三、服装搭配的一般原则

在生活和工作中，服装搭配需要掌握以下原则。

1. 舒适

无论搭配任何服装，舒适都是第一位的。服装搭配中的舒适是指着装后无任何疼、痒、粗糙、紧、压抑等感觉，全身放松，活动自如。

2. 干净、整洁

干净是指服装无任何明显污渍、掉色等问题。整洁是指服装整齐、平整、大方，无破坏整体美感的褶皱等。着装干净、整洁可以带来"纯净、美好、信任、安全、舒适"等审美享受。

3. 合身

合身是指服装不大不小，不长不短，有时也指着装好看，即能够较完美地表现穿着者的美感。服装搭配的"合身"与"舒适"有非常紧密的联系。服装是否合身非常重要，太大或太长的服装会影响个人的整体形象。图 2-6 展示了空乘学员服装搭配效果。

图 2-6　空乘学员服装搭配效果

4. 协调

协调包括两个方面的含义，即着装协调和举止协调。着装协调又包括服装颜色协调和风格协调。

（1）服装颜色协调。根据不同的场合和不同的风俗习惯，虽然服装颜色的选择不同，但是上下身服饰的颜色要协调。颜色可以是对比色、互补色、相近色等。

（2）服装风格协调。服装风格协调强调服装在功能和款式上的统一性。例如，西装与运动鞋、西装与裙子强穿在一起就会让人难以理解。直条纹和横条纹分别穿在上下身也难以让人形成良好的第一印象。

（3）举止协调。"美"是一种心理活动，审美者在审美过程中会根据审美对象表达的信息产生联想，从而有了"外形美""协调美""心灵美""境界美"等方方面面的美感。不雅的行为举止会让审美者产生厌恶、鄙视等负面审美情绪，对良好个人形象的建立非常有害。举止协调，通俗地说就是"穿了这样的服装就不能做出不符合服装个性的事"。例如，西装通常是和"严肃""正规""正式"等联系在一起的，在穿着西装的场合做很随意的事，会让人非常反感。

知识拓展

形象设计中的"TPO法则"

"TPO"分别代表时间（Time）、地点（Place）与场合（Occasion），是世界上通行的基本形象设计法则。TPO法则从总体上揭示了形象设计中的客观性、现实性与适合性，以保证形象设计取得得体、适度的最佳视觉效果。进一步理解，可以把"T"拓展为季节、时间、年龄等；把"P"拓展为地点、场合、身份等；把"O"拓展为目的、对象、场合等。根据TPO法则，设计对象的形象要符合这些方面的要求，使整体形象设计能够与设计对象活动的时间、地点和场合相关联，适应活动环境、人群、活动目的需要。在职业形象设计中，还应关注年龄、职业、地位与身份的不同。总之，人们在选择服装面料、质地、色彩与款式时，以及在设计妆容、发型时，应考虑"TPO法则"，力求自己的形象与时间、地点和场合协调一致。

第三节 空乘制服的特点及搭配

一、空乘制服的特点

1. 空乘制服的概念

空乘制服是制服的一个类别，顾名思义，就是以各大航空公司空乘人员为设计对象，在特定航空场合穿着，体现民航精神的统一服装。空乘制服受地域文化影响，包括历史遗存、文化形态、社会习俗、生产生活方式等，同时蕴含着不同的风俗习惯、社会意识、科学文化，以及设计艺术等元素。通常情况下，空乘制服会考虑礼仪性和审美性，款式设计以简洁、大方、优雅为主，并将航空公司标志、标识色、民族文化图案等运用在配饰和制服上，还会与正装的时尚趋势相结合，丰富设计细节，让款式更加新颖。不同空乘制服款式如图2-7所示。

图2-7　不同空乘制服款式

2．空乘制服的基本特点

从整体上看，空乘制服扮演着信息载体的角色，对航空公司文化和行业精神进行传播，整合民族元素与时尚风格，通过艺术性的设计方法，诠释衣着礼仪和高质量服务的理念。空乘制服有如下基本特点。

1）款式设计与色彩运用

在设计上，用优雅、高贵的线条勾勒出简约的轮廓，用得当的细节设计丰富服装的结构，简单而不单调；无论是简单、大方的连衣裙，还是修身、利落的西服套装，都线条流畅、版型出众、剪裁利落，搭配丝巾、腰带和礼帽等配饰，优雅又不乏时尚感，打破了传统职业装的刻板印象。

在色彩上，无论是经典卡其、时尚红黑、靓丽蓝白，还是稳重的藏蓝、淡紫，都尽显时尚魅力。

在形象气质上，突出了女性的优雅、大方，男性的阳刚、沉稳，传递了正能量，树立了良好形象，展现了空乘人员特有的精神风貌。

2）工作环境与服务性质

空乘制服要适合特殊的工作环境，兼具漂亮与实用。空乘制服款式应简洁、大方、优雅，考虑礼仪性和审美需要。空乘制服设计还要考虑服务性，故裙长不宜太短，开衩和折裥等细节设计可以有一些流行元素的变化，开衩不宜太高。空乘制服的衬衫下摆要使之不易因上肢运动而外露。肩章和帽子的设计也是非常重要的部分。

3）服务状态与安全需要

空乘人员长时间保持站姿及舱内慢走，常做手臂上举、牵引、下蹲等动作，服装后掖下方、裙侧及膝盖后方等关节运动处极易产生褶皱；另外，弯腰动作易使束入下装的衬衫脱出；端送食品时，服装易沾染油污；男装裤脚口后部也会因经常走动而磨损。这些都是空乘制服在面料与质地等方面要确切考虑的客观因素。安全更不容忽视，空乘人员除了在机上提供服务，最重要的任务是保障人、机安全。空乘制服还要考虑面料材质的特殊性，以应对突发状况，如火情、颠簸、紧急撤离等。

另外，在空乘人员的领带、手帕、胸针等礼仪性配饰的设计中，应强调柔和廓形的细节处理，避免尖锐设计，体现本行业的服务性与亲和度。

4）公司形象与管理意识

空乘制服作为身份的寄托物，不但要体现出以人为本、以安全服务为前提的管理意识，更要体现出航空公司的集体化形象。

二、空乘制服的搭配

1. 空乘制服中的旗袍

旗袍是中国最具代表性的女性传统服装之一，在礼服领域依然占据优势地位。在我国，几乎所有航空公司都有自己的旗袍制服（西藏航空公司例外，其中式制服是藏袍）。一般情况下，航空公司的旗袍制服只会在节日时使用，或者用作头等舱、包机、特色航班的制服，但也有航空公司将旗袍作为空乘人员的常规制服，如海南航空公司的"海天祥云"旗袍等。

2. 空乘夏秋装的搭配

按照规定，空乘夏秋装着装时间是每年 5 月至 10 月，不同航空公司也会根据所在地区适当调整制服更换时间。在材质上，夏秋装的面料会比春冬装薄一些。夏秋装通常有短袖衬衫、马甲、西裙加外套，或者连衣裙加外套两种款式，加上真丝围巾或领花作为配饰，搭配圆口高跟鞋和长筒丝袜。

3. 空乘春冬装的搭配

空乘春冬装着装时间是每年 10 月至第二年 4 月，同样根据不同航空公司所在地区适当调整更换时间。制服由短袖衬衫变为长袖衬衫，外套与夏秋装是通配的，同样的衬衫、马甲、西裙加外套，部分航空公司会配发长裤配合春冬装制服，也会增加风衣、毛衣、呢大衣和羽绒服，各公司标准不一。例如，中国南方航空公司覆盖的地域广，分公司多，春冬装制服配置比较完整。着春冬装时，真丝围巾改为羊绒围巾，搭配中筒或高筒皮靴，着皮靴时可以搭配短丝袜。着春冬装大衣必须佩戴跟制服搭配的帽子，在客舱服务时可以省去帽子。

不是所有的航空公司都配备春冬装，也不是所有的航空公司都配发长裤，如我国的东方航空公司、海南航空公司等都长年着裙装。新加坡航空公司由于地处东南亚地区，并没有细分季节装，只是在制服上加配一件羊绒大衣，执飞远程航线时，也都着裙装。

4．穿着制服时的注意事项

（1）应保持工作服干净、整洁，每次上飞机前，应将工作服熨烫平整，工作服不能有褶皱、破洞、污渍、脏物及异味。

（2）值勤时，同一航班乘务组的乘务员可根据航线季节、天气变化及个人身体素质着装，由乘务长统一要求；迎送客时，乘务员可着马甲，寒冷地区可着大衣，但切忌混搭。

（3）皮鞋应保持光亮、无破损，空中应着单皮鞋，平底鞋只能在空中服务时穿着。着制服时须扣好纽扣，着大衣或风衣时，必须系好腰带，并佩戴围巾和手套。

（4）登机证佩戴在制服、风衣、大衣胸前，上机后摘掉；服务牌佩戴在制服左上侧、衬衫和围裙的左上侧。

三、国内及国外的空乘制服

1．国内空乘制服的设计和搭配要点

空乘制服代表着空乘人员的专业度。在颜色选择方面，深色给人以稳重、专业、权威和智慧的感觉，是安全的制服用色。我国国内空乘制服的款式、质量与美感总体并不逊于国外航空公司。我国空乘制服设计色彩的搭配，就是红色系、蓝色系，原因是红色系醒目、热情，蓝色系舒服、给人安全感，二者正是航空服务所需要的。

1）中国国际航空公司

中国国际航空公司（以下简称国航）的制服"国韵"的设计非常典雅，是红、蓝套装，采用了国际上称为"中国蓝和中国红"的明瓷中霁红与青花两种颜色作为主色，同时以甜白为搭配色，体现了东方女性之美，突出了国航新制服的民族化与国际化相结合的特点。"国韵"意在汲取东方美学精华，体现中国文化的深刻内涵。

2）中国南方航空公司

中国南方航空公司（以下简称南航）的制服由法国设计师史提浦·苏精心设计，以天青色和芙蓉红为整体色系。上装为V形领，并以金色线条对领边和袖口进行勾勒。下装则是红、蓝斜纹的西服裙。整体既活泼、别致，又显得职业、干练。乘务长身着有蓝宝石般的光泽、纯净和透明感的天青蓝色制服，而乘务员身着具有女性魅力的玫粉色和芙蓉红色制服，显得亲切干练和时尚高雅。

3）中国东方航空公司

中国东方航空公司（以下简称东航）的制服由法国知名品牌设计师克里斯汀·拉克鲁瓦设计，本着"简洁、美观、得体"的原则，在满足职业制服功能性的同时，力求展现优雅的东方气质与时尚的"海派"风格。制服以藏蓝色为主色调，营造出稳重、专业的职业氛围，又用正红色皮带配饰抓人眼球，经典中透出热情。丝巾的灵感则来源于康乃馨和莲花，体现出东方女性优雅、柔美、含蓄的特质。

4）中国海南航空公司

中国海南航空公司（以下简称海航）的制服经历过多次改变，现在的空乘制服由国际

知名时装设计师劳伦斯·许设计。设计师将中国风与现代时尚完美结合，以中国旗袍作为基底，领口为祥云团，下摆用浪花点缀，还有中国古老传说中的神鸟，独特的中袖设计也显得温婉干练，空乘贝雷帽更显得优雅时尚。

5）四川航空公司

四川航空公司（以下简称川航）的制服灵感来自川航的主题色——川航红。制服采用红黑经典配色，兼具热情和沉稳的特质，经川航空乘人员的演绎，尽显优雅韵味。红色连衣裙整体线条简洁、流畅，展现川航空乘人员娴静端庄的职业仪态。浅立领衬托出空乘人员的优雅气质；黑色线条为制服注入理性、沉稳的特质；"褶皱"折饰在行走时自然律动，传递灵动之美。

6）厦门航空公司

厦门航空公司（以下简称厦航）的制服以蓝色为主色调，整体显得简约、清新、自然。衣袖为干练、时尚的七分袖，腰间搭配深蓝色的宽腰带，帽子俏皮可爱，并配有"一鹭高飞"航徽，突显东方女性的优雅与干练。

7）山东航空公司

山东航空公司（以下简称山航）制服以"羽黛山海，雁影长空"为主题，将传统与时尚相结合，汲取汉服文化精髓，传承民族服饰特色和美学风格，表现出传统文化之美。女性空乘制服以国画中的黛蓝色为底，加入淡雅的紫色，经过不断调色，呈现出"齐鲁青未了"的意境。在款式上主打连衣裙设计，采用汉服经典的交领右衽样式，融入西式合体剪裁。

图 2-8 展示了国航、南航、东航的空乘制服。

图 2-8　国航、南航、东航的空乘制服

2. 国外空乘制服的设计和搭配要点

1）法国航空公司

法国航空公司（以下简称法航）的空乘人员个个气质优雅，浓浓的法式风情从举手投足之间流露。法航空乘制服以深色系为主，其中，藏青色是最经典的"法航色"，给人一种专业和精致的印象。法航制服以藏青色为主色，腰带上小面积的红色为强调色，搭配相对硬挺而精致的材质，同时款式设计得帅气而硬朗，使整套制服看上去有强烈的品质感。

法航的制服设计之所以能够取得非常理想的效果,与欧洲人的骨骼、皮肤和头发等身体条件相关。

2)阿联酋航空公司

阿联酋航空公司(以下简称阿航)女乘务员身穿米黄色套装,头戴红色白头纱制服帽,有一种浓烈的中东风情,尤其是从帽边垂下的一条绕过脖子、搭在左肩上的白色真丝纱巾,更是阿航女性空乘制服最突出的特点。阿航男性空乘制服同样以米黄色系为主,搭配具有特色条纹的巧克力棕色外套、乳白色衬衫和黄褐色、米黄色与红色相间的领带,与典雅迷人的女性制服一样极具异域风情。白色的头纱不仅代表了中东地区的民族元素,也与红色的帽子形成鲜明对比,使整套制服充满跳跃感,显得特别精神。

3)新加坡航空公司

新加坡航空公司(以下简称新航)的制服也出自法国设计师之手,著名女装设计师皮耶·巴曼的设计承袭了传统服装沙笼可芭雅的样式,宝蓝背景的蜡染彩花设计成了新航制服的主要图案,既抢眼又有修身效果,尤其是贴合身材的裹身设计,巧妙地勾勒出女性的柔美线条,长及脚踝的长裙则将西式短裙和现代长裤完美结合。设计师还在领口、褶边、袖口和前襟处加入了镶边元素,使连接线条更加圆润,充满优雅迷人的地域风情。新航乘务员发饰的配合也恰到好处,高高盘起的发髻突出了面部线条,更显修长柔美。新航空乘制服的颜色还藏着职位高低的秘密,如紫色代表总舱乘务长,红色代表乘务长,绿色代表高级乘务员,蓝色代表乘务员。

4)泰国航空公司

泰国航空公司(以下简称泰航)制服由泰国设计师皮奇拉女士设计,也是多次获奖的一套制服。泰航一直以来都用粉色、紫色系的商务套装做制服。泰式筒裙装仅在机舱内服务旅客时才会换上,而且只有泰国籍的乘务员才可以穿着。筒裙装由裙装、七分袖短外套和一条长带子构成,穿着时乘务员会在服装上别一朵鲜花,裙子和带子都有精美的织金做装饰,颜色有很多种。

5)大韩航空

大韩航空竭力打造时尚的形象,与设计师的合作就是一种突破。大韩航空的制服是与意大利著名设计师奇安弗兰科·费雷合作设计的。粉蓝色、米色的西装式制服,漂亮的领结,这是大韩航空制服给人的第一印象。制服整体配色柔和悦目,融合了东西方美学、现代与传统,体现了温柔、娴静的东方美。

6)意大利航空公司

意大利航空公司的制服采用了经典的20世纪60年代的设计款式,在配色上选择了意大利国旗上的墨绿和深红,手套、丝巾、皮包、帽子和皮鞋等配件的设计是点睛之笔。空乘人员的丝袜为绿色,地服人员的丝袜为红色(都是制服颜色的反色)。

7)荷兰皇家航空公司

荷兰皇家航空公司的制服一直以来都是独有的皇家蓝色。新款的制服外套舍弃了常见的收腰廓型，搭配前双开衩的半身裙，是典雅淑女风格的女式套装。其衬衫双排扣加小方领的款式设计挺括、英气。

图 2-9 展示了法航、阿航、新航的空乘制服。

图 2-9　法航、阿航、新航的空乘制服

第四节　空乘制服配饰

除了一些基本配件，如帽子等，空乘制服还涉及一些配饰，如男乘务员的领带夹、皮带、肩章、皮鞋和袜子等；女乘务员的丝巾、手表、耳饰、戒指、项链、姓名牌等。下面具体介绍。

一、男乘务员制服配饰

领带夹：使用航空公司发放的领带夹，位置在第三到第四粒扣子之间。

领带：领带的长度以达到皮带处为宜。

皮带：使用航空公司发放的黑色皮带，皮带扣的标志为公司 Logo，皮带上不得悬挂任何饰物，如手机链、钥匙链等。

皮鞋：穿着航空公司规定的皮鞋，保持皮鞋清洁、光亮、不破损。

袜子：穿着纯黑色或藏青色袜子，袜子的长度以坐下时不露出皮肤为宜。

姓名牌：乘务员需要佩戴统一发放的姓名牌，必须刻有自己的名字，姓名牌字迹清楚，无破损，戴在制服左胸上侧。

肩章：乘务员/安全员的肩章是两道杠，熨烫平整贴于衬衫上方的肩部位置。

男乘务员部分制服配饰如图 2-10 所示。

二、女乘务员制服配饰

项链：可佩戴一条，不应外露，质地没有要求，不能选用粗大造型，直径最好不超过 5 毫米。

耳饰：只允许佩戴一副，选择紧贴耳朵的款式，设计简单、样式保守，并且不能有吊坠。圆形耳钉直径不超过 7 毫米，方形或其他形状耳钉对角线不超过 7 毫米，只能佩戴在耳垂中部。

领带夹　　皮带　　肩章

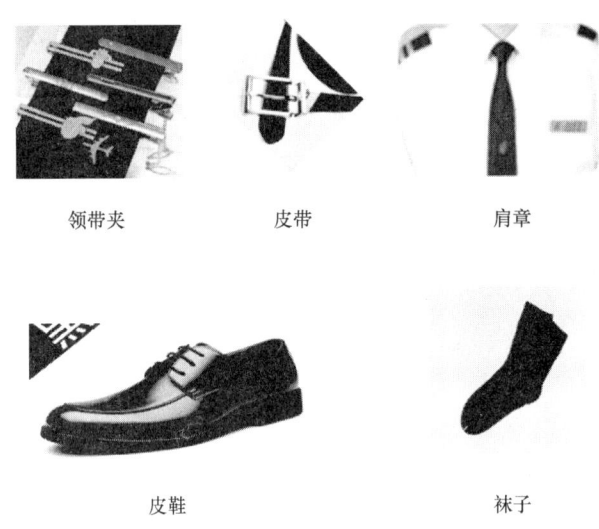

皮鞋　　袜子

图 2-10　男乘务员部分制服配饰

戒指：设计要简单，镶嵌物直径不超过 5 毫米。按照我国的习惯，未婚者的戒指一般戴在左手中指，已婚者的戒指戴在左手无名指。

手表：样式应保守、简单，配以银色、金色的金属表带或黑色皮质表带。为了在紧急情况下准确对时，不能戴没有分针和秒针的手表。卡通表给人的感觉不严肃，所以不能佩戴。

丝巾：要时刻保持丝巾颜色鲜艳、干净整洁、熨烫平整。

皮鞋：穿着航空公司规定的黑色皮鞋，款式为浅口，皮鞋上不得有铜扣等亮色装饰物，保持皮鞋光洁，不破损。

丝袜：穿裙装时着接近肤色且不带花纹和网眼的长丝袜。穿裤装时着接近肤色且不带花纹和网眼的短丝袜，以坐下时不露出皮肤为宜。

姓名牌：穿着制服马甲、外套、围裙时，需佩戴刻有名字的姓名牌（有英语级别的人员需佩戴英语标识牌）。

女乘务员部分制服配饰如图 2-11 所示。

需要强调的是，空乘学员在穿着空乘校服时，也要有尊重意识，保持服装整洁、平整，爱护自己的校服及配饰，如果有校徽或校章，一定要佩戴好。

三、乘务员发型搭配

空乘形象设计是一个完整的形象体系，包括服饰、妆容、发型和形体等元素。要想完整地展现出良好的形象，还需要有适当的发型。发型要与脸型、体型、发质、年龄和职业相协调，更要与服饰相协调。

耳饰　　　　　　　　　戒指

丝巾　　　　姓名牌　　　姓名牌

皮鞋　　　　　丝袜

图 2-11　女乘务员部分制服配饰

空乘人员的发型设计和规范要求将在第三章详述。

第五节　社会交往中的服装与配饰

在日常生活和交往中，服饰被视为人的"第二皮肤"，是直接展现在人们眼前的仪表形象，也是风度气质、穿搭品位及地位、身份的重要象征。下面简单叙述社会交往中的服装与配饰。

一、日常生活装的搭配

1. 女士日常生活装的搭配

1）轻松休闲搭配

大多数女士衣柜里的服装不止有一种风格，如极致简约风、优雅淑女风、帅气中性风等。可以选择将不同风格的单品组合起来，既可以休闲，也可以个性，将不同风格的优点融合在一起，营造出极致简约、优雅大气、经久耐看的休闲感。还有一些出彩的搭配，如牛仔裤、衬衫及各式各样的简约外套，都是轻松休闲搭配的利器。

2）优雅大方搭配

对于日常生活装，优雅造型看起来更有魅力，尤其是约会、好友聚会等场合，"知性范儿"的优雅大方搭配不容易出错，更加耐看。一般来说，选择裙装的时候可以考虑中长款，因为中长款的设计看起来更加稳重，不会像短裙那样过于俏皮。半身裙随意搭配的效果也非常好，只要款式不过于奇特，则不仅学生可以穿，职场女性也可以穿。另外，也可以尝试从配饰入手，如贝雷帽及草编帽等，都可以在一定程度上提升优雅气质，让整个造型看起来知性大方、优雅得体。

3）宽松自在搭配

以休闲为主的日常生活当然适合宽松自在搭配。这样的服装版型不是特别修身，以较为宽松的直筒剪裁为主，有时可以加上略微宽大的"oversize"风格（通常指比一般尺码大几号的服装，可以让穿着者看起来随性和慵懒）的单品，看起来简约，却能让休闲搭配变得更有魅力。另外，搭配时也可以尝试着加入一些小巧的配饰，如鸭舌帽或各种各样的中筒袜，使造型更有韵味和层次感。越简约的造型，其实越看重配饰的装饰性，可以精致，也可以休闲，能够起到画龙点睛的效果。

2. 男士日常生活装的搭配

1）男士服饰五大类别

掌握男士服饰五大类别是进行搭配的基础，五大类别分别为内搭、外套、裤子、鞋子和配饰。可以选择最适合自己的款式，形成自己的穿搭风格和气质形象。

（1）内搭，包括 T 恤、POLO 衫、衬衫、卫衣（内搭/外套）、毛衣（开衫/高领）、马甲、背心、长袖等。

（2）外套，包括夹克、西装、风衣、冲锋衣、羽绒服、皮衣、牛仔衣等。

（3）裤子，包括直筒裤、铅笔裤、背带裤、阔腿裤、工装裤、哈伦裤、九分裤、短裤等。

（4）鞋子，包括运动鞋、切尔西靴、工装鞋、布洛克鞋、正装皮鞋、船鞋、马球鞋、乐福鞋、雪地靴、凉鞋等。

（5）配饰，包括帽子、袜子、围巾、背包、钱包、眼镜、手表、手机、耳机、皮带、耳钉、戒指、项链、手链等。

2）五种男士搭配风格

（1）文艺风。文艺风是不同体型男士钟爱的搭配，可以用格纹衬衫搭配白色 T 恤，或者常见的浅色、裸色开衫毛衣，显得温文尔雅。

（2）工装风。工装风适合比较粗线条的男性，有粗糙感的服装面料（牛仔布等）传递出一种阳刚之气。工装风是非正式的，给人以随意、不太守规矩的感觉。

（3）日系风。日系风适合亚洲的男性，最大的特点是适合日常生活。在颜色选择上，卡其色、黑色、白色、灰色、蓝色等使用较多。没有太多夸张的对比色彩，给人以清新的感觉。

（4）韩系风。韩系风适合身材中等、不胖不瘦的男性，否则很难支撑起这种造型。帆布鞋、简约款衬衫和各种款式的毛衣都是最常使用的单品，尤其是在秋季，穿搭后有减龄效果。

（5）运动风。运动风将体育元素融入日常搭配，以混合的穿衣技巧展现运动风格，看起来有街头感和青春感。这种风格不适合瘦弱的男士，否则会显得服装空荡荡的，给人以软弱的感觉。

3）搭配注意事项

全身颜色不宜过多，最好不超过三色。穿搭合身，不要显得太浮夸，否则会给人以邋遢的感觉。注意平衡感，不要上身颜色重、下身颜色轻，否则易出现头重脚轻的失衡感。选择质感好的服装，效果会更出众。精细的工艺也很重要。建议不要穿紧身裤，否则很容易给人留下女性化的印象。

二、正装的搭配

1. 女士的正装搭配

女士正装虽然不像男士正装那么严肃，有着比男士正装更丰富的形式，但也是有讲究的。这里所说的女士正装主要是职场女性着装，最常见的是套裙。女士套裙是最正式的职业装，分为两种：成套的，即上衣和裙子采用同色的同一种面料；不成套的，即上衣和裙子可以采用不同颜色的不同面料（也有内搭连衣裙，外面套一件西装外套的）。女士正装是否成套国际上没有严格的要求，但大多数人认为成套更正式。套裙长及膝盖，大方得体、行动方便。套裙常用的颜色是黑色、灰色、藏青色等深色系，其实鲜艳的粉色也是可以选择的。建议优先选择深色系，即使要穿浅色，也最好选择高灰度的浅色。当然，如果所在的公司允许，那么比较鲜亮的颜色也是没有问题的。图 2-12 展示了女士正装。

图 2-12　女士正装

在内搭方面，衬衫不是必需的，也可以选择其他单品。要注意，最好选择纯棉、真丝等天然材质；颜色雅致端庄，白色、米色能与大多数套裙搭配；衬衫领子的角度随意性较大，衬衫领子是翻在西装外面还是不翻，可根据搭配需要决定，没有定规；衬衫下摆要掖进裙腰里。

套裙面料的选择和男士西装一样，可以基于场合或职位的需要确定，并根据个人的生活条件和支付能力进行适当规划。但最好不要穿着过于廉价的服装，否则难以呈现出应有的职场形象。

2. 男士的正装搭配

男士正装通常就是西装，主要分三种场合：正式场合、商务场合及休闲场合。

1）正式场合

正式场合一般是指宴会、晚会、典礼等，会收到请柬，要求"正装出席"，此时必须穿着深色调的礼服、三件套西装，搭配法式衬衫（带袖扣的款式）、领结、丝巾或非常正式的纯色领带、漆皮的正装皮鞋和正装手表（皮带表）。黑白搭配（黑色礼服套装配白衬衫）最安全。

2）商务场合

商务场合的要求相对宽松，穿着纯毛料或混纺毛料的商务西装套装即可。色调可根据季节确定，上装和下装也可选择混搭，不需要成套。内搭可选择正装衬衫、条纹衬衫、毛衣等。休闲皮鞋或正装皮鞋都可以穿着。

3）休闲场合

休闲场合没有限制，西装多采用棉麻等透气面料，以舒适为宜，搭配T恤、牛仔裤、球鞋都可以，甚至可以尝试内搭一件纯棉连帽衫，增添运动气息。

三、晚礼服的搭配

晚礼服是一种非常正式的服饰，一般适合舞会、酒会或颁奖礼等场合。

1. 晚礼服的穿搭建议

身材小巧玲珑的女士适合高腰设计的中短款晚礼服或短款晚礼服，能够拉长腿部线条，有增高的效果。白色短款晚礼服会使人显得非常有气质，温婉又十分端庄。

身材比较丰满的女士适合简单大方的款式，最好别穿设计烦琐和面料太软的晚礼服，可以挑选一些材质挺括、轮廓性较好的晚礼服。这样的设计造型简约、整洁，能够烘托出女性的风韵，给人以典雅、稳重的感觉。

身材纤细颀长的女士可以驾驭各种样式的晚礼服。肩膀比较窄的女士适合一字肩设计的晚礼服，这样可以让肩膀看起来稍微宽一点，突显个人的精气神。脖子稍短、胸部丰满的女士比较适合V形领设计的晚礼服，这样可以让脖子显得修长，并且让上半身显得更瘦。

2. 晚礼服的配饰建议

晚礼服离不开配饰，配饰是非常关键的元素，也是整体造型的重心。墨绿色宝石项链或白金项链等都是不错的选择。黑色流苏V形领晚礼服搭配黑色细项圈，显得十分内敛和含蓄。

高跟鞋是必不可少的。高跟鞋包括坡跟高跟鞋、中高跟鞋、粗头细跟鞋等。晚礼服与发型也是相互衬托的。至于挑选什么发型，可以按照自身脸型及晚礼服款式来定。如果参加鸡尾酒会或公司年会，就可以搭配一款法式盘发；也可穿酒红色晚礼服搭配低马尾，戴上耳坠，给人以妩媚与活泼俏皮之感。

四、社会交往中服饰搭配的注意事项

服饰搭配也是一种语言，不一定要穿得多么华丽，在合适的场合穿合适的服装才是最

得体的。下面简要叙述社会交往中服饰搭配的注意事项。

上班：要有新意，又不能太随意，推荐衬衫、纯色 T 恤、小脚裤、单鞋、阔腿裤。

见长辈：穿着需大方得体，切忌太过时髦，或者过于暴露。冬天时穿羽绒服会显得臃肿，推荐穿呢大衣，既保暖又时尚、优雅，能够给对方留下好印象。

见好友：以舒适、简单为主，将白 T 恤作为基础款，下身可以搭配高腰裙，整体低调又有型。如果好友已经很久没有见面了，就可以穿得活泼一些，让彼此都能够想起以前在一起的时光。

（本章图 2-3 中的 1、3 由西安航空职业技术学院提供；图 2-3 中的 2 及图 2-5、图 2-7 由广东肇庆航空职业学院提供。）

本章实操

1．掌握色彩的各种搭配原则，根据个人体型，选择适合自己的色彩与服装款式。

2．试着搭配春冬及夏秋空乘制服（校服）及不同场合下的正装和晚礼服，可以请同学提建议或相互评价。

思考练习题

1．色彩除了产生视觉效果，还会产生哪些心理效果？

2．请你结合航空公司文化，谈谈空乘制服差异化背后的文化理念。

3．谈谈你对空乘制服的理解和认识。

4．请你总结穿着空乘制服时的注意事项。

5．请为自己画像，找到合适的服饰色彩和日常搭配方式。

第三章

空乘发型设计与护发

章前提要

发型设计是空乘形象设计不可分割的部分,具有丰富内涵,涉及各综合学科。发型设计受到诸多因素的影响,如头型、脸型、身材、职业、年龄、服饰等。发型设计应根据个人的具体情况,通过艺术化的手法设计出适合整体形象的发型,以达到修饰脸型与妆容、与服饰协调搭配的目的。对于空乘人员,由于其工作的特殊性,以及服务旅客的需要,设计与保持整洁、干净、利落的发型十分重要。

本章主要阐述了发型设计的基本概念、职业发型设计、乘务员发型设计、盘发技能,以及头发的清洁与护理等内容。通过本章的学习,学生应对空乘职业发型设计有正确的认识,掌握盘发的步骤,建立正确的头发清洁与护理意识。只有爱惜与保护好自己的头发,才能按照航空公司的要求设计出理想的发型,为塑造自身的职业形象奠定良好的基础。

学习目标

1. 掌握空乘职业发型设计的原则。
2. 熟悉航空公司对乘务员发型的要求。
3. 掌握盘发步骤。
4. 了解正确的头发清洁与护理方式。

第一节 发型设计的基本概念

中国人在形容女子的美貌时,通常用"墨发如云""鬓挽乌云""乌云堕髻"等词语,可见头发对于一个人仪表的重要性。对于形象设计,可以用"无发不成席"来形象地说明发型设计的重要地位。要设计发型，应先从了解与认识头发开始。

一、头发的基本常识

头发是指生长在头部的毛发。头发不是人体的器官，也不含神经、血管等，头发除了修饰脸型、增加美感，还起着保护头部的作用。在夏天，头发可以防止烈日对头部的暴晒；在冬天，头发可以抵御寒冷对头部的侵袭。另外，细软蓬松的头发具有一定的弹性，可以缓和轻微的碰撞，还可以促进头部汗液的蒸发，使皮肤细胞正常呼吸。头发的生长有一定的自然周期，每个人的头发都会经历从生长、休止到脱落的过程，不过在旧的头发脱落的同时，也有新的头发生长出来。

对于空乘人员，适当的发型设计不仅能够提升外在气质，还能够突显内在精神。通过发型的恰当修饰，面部会显得饱满而突出，从而使五官看起来更加立体，有助于提升个人魅力，让优雅大方的空乘形象给旅客留下深刻的第一印象。图 3-1 为常见的乘务员发型。

图 3-1 常见的乘务员发型

二、发型设计中的协调

1. 发型设计与脸型的协调

面部类型俗称脸型，即人体面部的轮廓特征。通常，人的脸型分为六种：圆形脸、长形脸、方形脸、椭圆形脸、正三角形脸、倒三角形脸。从形象设计的角度来说，不同的脸型适合不同的发型，因此认识脸型的特征，有助于我们根据脸型的基本条件设计出适合自身的发型，塑造完美形象。

1）圆形脸

圆形脸的人面颊比较丰满，额头及下巴圆润，给人以温柔、可爱的感觉。设计发型时，应该把圆的部分"盖住"，在颅顶部位稍做蓬松处理，显得脸长一些。千万不要分层剪头发或中间分缝，否则头发很容易贴在脸上；同时避免留刘海，否则脸会显得更圆、更大。适当地露出一部分前额，能使脸显得更长。圆形脸的男士选择短小型发型比较好，鬓角可以修剪成方形，顶部为平面造型的寸发。

2）长形脸

长形脸的人前额发际线较高，下巴较大且尖，脸庞较长，额头与颧骨等宽，同时又比下颌稍宽一点，脸宽约为脸长的三分之二。设计发型时，应避免把脸全部露出，不宜留长直发，可以留部分刘海，尽量使两边头发有蓬松感。长形脸的男士应避免短小型发型或向后梳理的发型，否则脸会显得更长。

3）方形脸

方形脸的人有较阔的前额与方形的腮部，和圆形脸很像，但四面起"角"，比较刚正，不够柔和及温润。设计发型时，应选择柔和一些的发型，可把头发留长一点，不宜留短发，避免暴露面部整体轮廓。方形脸的男士应避免鬓角两侧过度修剪和颅顶扁平的发型，否则脸会显得更加方正。

4）椭圆形脸

椭圆形脸即俗称的鹅蛋形脸，脸长约为脸宽的一倍半，额头宽于下巴。其特征是，从额上发际到眉毛的水平线的距离约占整个脸的三分之一，从眉毛到鼻尖也占三分之一，从鼻尖到下巴又占三分之一。这种脸型是比较理想的脸型，一般来说可以配任何一款发型。

5）正三角形脸

正三角形脸形似"梨"，因此又称梨形脸。正三角形脸的人头顶及额部较窄，下巴较宽。设计发型时，刘海可削成薄薄一层垂下，最好剪成齐眉的长度，使其隐隐约约遮盖额头，用较多的头发修饰腮部，不宜留长直发。对于正三角形脸的男士，头发上部造型饱满，两鬓偏厚，整体轮廓线条从腮部圆顺下去，可起到调整脸型的效果。

6）倒三角形脸

倒三角形脸又称心形脸、瓜子脸，特征与正三角形脸刚好相反。设计发型时，重点注意额头及下巴，刘海可整齐一排，头发长度以超过下巴两厘米为宜，并向内卷曲，增加下巴的宽度。对于倒三角形脸的男士，头发长度应适当增加，或用卷发修饰，效果会很好。

2. 发型设计与头型的协调

人的头型大致上可以分为大、小、长、尖、圆等几种。利用好不同的发型设计，可以达到修饰头型、突显形象气质的目的。

大头型的人不适合蓬松的发型，刘海也不宜修得过短，最好能盖住一部分前额，否则头会显得更大。

小头型的人发型要蓬松一些，能够适当地改变头型的视觉大小。

长头型的人两边头发应打毛蓬松，头发顶部不要梳得过高，应使发型横向发展，以获得修饰头型的良好效果。

尖头型的人不宜剪短发，头发顶部可压平一点，两侧头发可蓬松些，会显得头型饱满、圆润。

圆头型的人刘海可以修得稍微短一些，使头发顶部蓬松，显得很有精神。

第二节 职业发型设计

一、职业发型的概念

职业发型对职场人士的整体形象起着重要作用，恰到好处的发型可以展现出良好的职场形象和个人气质，因而发型设计也是形象塑造的重要组成部分。

空乘人员的职业发型应与实际工作环境相适应。头发的清洁、养护，职业发型的呈现，都体现了空乘人员的职业特征和职业文化，以及良好的自我形象和企业形象。

二、空乘职业发型设计的原则

1. 与空乘职业相匹配

发型不但可以直接修饰脸型的不足，还能展现个人的审美情趣和形象魅力。另外，空乘职业发型设计一定要与空乘职业相匹配。因此，空乘职业发型设计不但要考虑头型、脸型、五官、身材、年龄等客观因素，还要考虑空乘人员的实际工作状态，注意与妆容、服饰、举止等形象元素相适应、相融合，塑造完整的职业形象。

2. 与个人脸型相协调

空乘职业发型设计要考虑个人的脸型条件。要掌握发型与脸型相协调的原则，把握好不同脸型的发型设计要求。在分析脸型特征时，最好用发带将全部头发绑到脑后，正面朝向镜面进行仔细分析。脸型是决定发型的最重要因素之一，而发型由于其可变性又可以修饰脸型。用发型修饰脸型的具体方法有如下几种。

（1）衬托法。利用两侧鬓发和头顶的一部分头发，改变面部轮廓，分散头型和脸型的视觉焦点。

（2）遮盖法。利用头发组成合适的线条或块面，以掩盖头面部某些部位的不协调及缺陷。

（3）填充法。利用宽长波浪发来填充头面部细窄之处，还可借助发辫、鬓角来填补不完美之处，或以头饰来修饰。

3. 与整体形象一致

空乘职业发型要遵循与空乘职业、航空公司制服、妆容设计等整体形象一致的设计原则。头发要整齐，不宜过长，勤洗头，梳理到位，发型保持干净和整洁，不能过于蓬松、飘逸。发式要简单大方，不做过度造型，要有职业感，避免标新立异。着职业装时，必须按出勤标准梳好发型，使用发胶固定，做到不掉落、不松散。

第三节 乘务员发型设计

一、女乘务员发型设计

女乘务员的发型要根据航空公司客舱服务规范手册对客舱女乘务员服务形象的规定来设计。一是要保持发型整齐，前不能遮眉，侧不能遮耳，整体造型简洁大方；二是要保持黑发，避免过度造型。女乘务员的发型可分为长发发髻和短发发式。

1. 长发发髻

将长发扎成马尾，使用隐形发网盘成发髻，马尾长度不得长于发网。长发扎起时高度适中，盘发发髻不得低于耳垂，勿过高或过低，颅顶部头发可根据自己的脸型做调整，蓬起高度在 3~5 厘米，发髻应盘绕为圆形，直径不超过 9 厘米，厚度不超过 5 厘米。长发盘发时，前额可根据个人的发量和发际线位置选择侧发式或后背式。当选择侧发式时，需注意侧发应梳理整齐，在眉上 1 厘米处打理固定，避免在服务旅客时侧发滑下遮住眉毛和眼睛。当选择后背式时，应将前额头发整体后梳，颅顶处可做挑高处理，不可留齐刘海或斜刘海。

2. 短发发式

直发长度不短于 6 厘米，可通过烫发打造整体造型，应该符合个人气质，突显柔美。如有刘海，则需要打理固定，避免在服务过程中滑下遮住脸颊。禁止采用爆炸式、短寸、侧剃式发型，背面头发长度不可超过衣领上缘。

3. 发饰

在固定发型时，需要使用无任何装饰的一字发卡，数量不超过 4 枚，长度不超过 6 厘米，厚度不超过 0.5 厘米，可佩戴在发髻左右两侧，不得用于颅顶部位明显处。在使用 U 形夹固定发髻时，应全部插入头发内部，隐形使用。部分航空公司会统一配发发簪，需根据航空公司要求佩戴在发髻上方，统一方向即可。

二、男乘务员发型设计

男乘务员的发型要根据航空公司客舱服务规范手册对客舱男乘务员、安全员服务形象的规定来设计。头发应干净、整洁、勤洗头，无异味，若经常使用发胶定型，则要确保无发胶屑和头皮屑。头发长度适中，前不遮眉，露出额头；侧不遮耳，露出耳廓；后不触及衣领；鬓角两侧高度高于耳朵中部，造型简洁、大方、得体。不能留长发、剃光头，也不能烫染怪异发型。如白发过多，则建议染黑，保持符合规范的发型，展现男性的阳刚之气，提供服务的舒适感。

男乘务员的发型分为侧发式和毛寸式。当选择侧发式时，侧发需要梳理整齐，露出额头，用发胶固定好头发，颅顶处可做挑高处理，避免在服务旅客时侧发滑下遮住眉毛和眼睛。当选择毛寸式时，头发长度应在 1～3 厘米，不能过短，符合自己的气质。毛寸式比较适合面部轮廓棱角分明的男性。

三、航空公司对乘务员发型的要求

1．女乘务员发型要求

（1）长发可使用发网盘发（发网为黑色隐形发网）。
（2）发卡为黑色，不得有掉漆及破损，发卡上不得有任何装饰物。
（3）发卡数量不超过 4 枚。
（4）发卡不得过宽、过长（长度不超过 6 厘米，宽度不超过 3 毫米）。
（5）短发应长短整齐、左右对称、后不及领，刘海不能遮挡眉毛，不允许采用怪异发型。
（6）发色只允许黑色或接近黑色的自然色。
（7）刘海可卷可直，刘海长度不得低于眉上方两指，低头时刘海必须保持在眉毛上方，不能遮挡眉毛。

2．男乘务员发型要求

（1）头发前不遮眉、后不触领、侧不留鬓、侧不遮耳。
（2）头发清洁、整齐、有光泽，保持黑色。
（3）发型应适合职业，有朝气，不允许采用怪异发型。
（4）不允许染异色，只能染黑色或接近发色的自然色；不允许剃光头；不能有异味、有头皮屑。

第四节　盘发技能

一、盘发常用工具

盘发常用工具如图 3-2 所示。

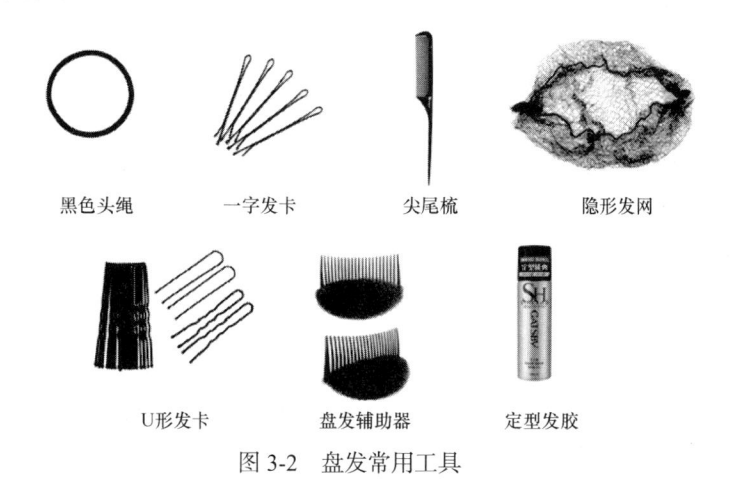

黑色头绳　　一字发卡　　尖尾梳　　隐形发网

U形发卡　　盘发辅助器　　定型发胶

图 3-2　盘发常用工具

黑色头绳：盘发过程中扎马尾时使用。

一字发卡：固定头部周围散乱的短发。

尖尾梳：梳理头发，有利于盘发和固定造型。

隐形发网：女乘务员盘发时使用。

U形发卡：可以很好地固定发网，使盘发造型更加牢固。

盘发辅助器：发量少或发辫较短时，可借助盘发辅助器进行造型。

定型发胶：固定造型，持久保持发型。

二、盘发类型与步骤

按照国内航空公司对女乘务员盘发发式的普遍要求，常见的有两种盘发。一种是正常后背式盘发，如隐形发网盘发等，新乘务员或参加面试者通常选择这种发式。如果发际线好看，这种发式就会显得年轻干练。另一种是法式盘发，适合头型扁平的人，可以增添发式的空气感，显得比较优雅和专业。

1. 隐形发网盘发

（1）梳发。先从前额的发际向后梳，再从后向前梳，即朝相反方向梳。然后，从左、右耳的上部分别向相反的方向梳。最后，将毛躁、不整齐的头发梳理整齐。梳发时必须使用梳子，为后续盘发打好基础。

（2）扎发。头发梳理整齐后，使用头绳将头发扎成马尾，高度可定位在两耳之间的中间位置，尽量不要超过耳朵的上下边际，避免马尾过高或低，影响美观。当前额使用侧分式盘发时，此时只需要将头发偏向一侧，梳理整齐。

（3）盘发。用发卡将隐形发网的一端固定住后，将发卡垂直扎入马尾中，用发网将头发全部包住，并开始顺时针进行盘发。以马尾的发根为中心点，顺时针将头发拧成一股，继续朝着同一方向将其盘成圆形发髻。左右手配合按住已经盘好的发髻，整理、收紧发网。利用发网的边缘做好收尾处理，将U形发卡插入发网和头发之中，先垂直后水平。头发表面和发髻要贴合，可使用多个U形发卡固定。使用定型发胶做定型处理，再用尖尾梳整理发面，使其光滑、整齐。

隐形发网盘发步骤示范如图3-3所示。

2. 法式盘发

（1）根据自己的脸型，将前额头发侧分式梳理整齐。

（2）使用头绳将马尾扎好，位置在两耳耳垂中间，头绳稍微拉松。

（3）将头发顺时针拧成一股，向上提，左右手配合，将发尾塞进一侧的头发中，余下的头发向内收起，发髻将头绳盖住即可，做好收尾，注意上下形状均匀。

（4）找到头绳位置，使用U形发卡固定，头发表面和发髻要贴合，可使用多个U形发卡固定。

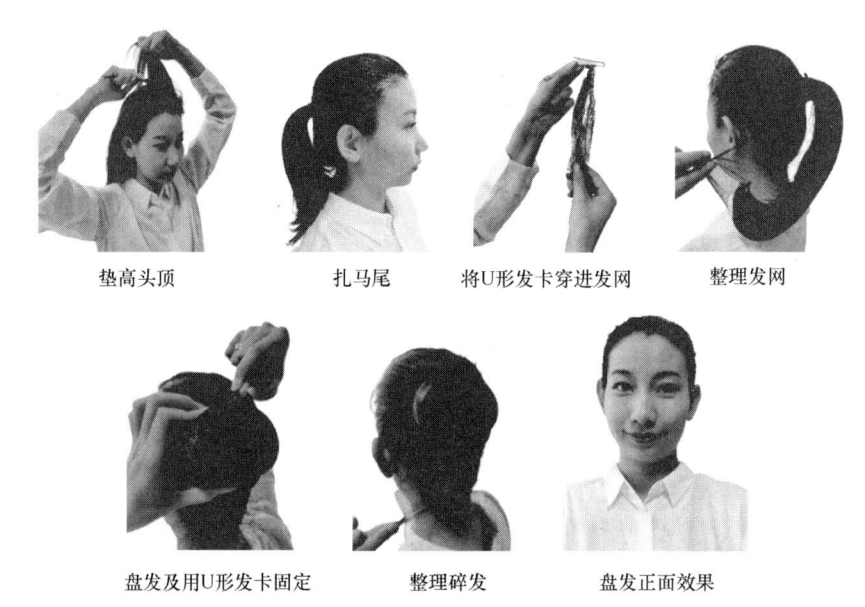

垫高头顶	扎马尾	将U形发卡穿进发网	整理发网

盘发及用U形发卡固定	整理碎发	盘发正面效果

图 3-3 隐形发网盘发步骤示范

（5）使用定型发胶固定好发型。

（6）用尖尾梳整理发面，使其光滑、整齐。

三、发型整理

空乘人员的发型是职业形象的重要组成部分，在整理发型时不能马虎，一定要非常细心。盘发时，一定要使用梳子梳理好头发，面朝镜子适当调整颅顶部位和左右两侧的高低，如有刘海和需要固定的碎发，则及时使用一字发卡和发胶固定。在执行航班飞行任务时，由于出勤时间较长，需要随身携带固发工具，在每段航班经停时，要检查职业形象是否规范，及时整理发型，在旅客面前做到"一丝不乱"。

四、定型发胶的使用方法

为了使头发光滑、整齐，必须使用定型发胶固定造型。定型发胶的具体使用方法如下。

（1）洗发后适当擦干头发，按发式要求吹梳造型，可先使用清水梳理出发式的初步轮廓。

（2）在需要定型的头发处（主要是刘海和鬓角部分）喷上定型发胶，用尖尾梳整理定型。

（3）使用定型发胶时要注意安全，喷射时要保持一定距离，避免喷射到面部皮肤上，特别是眼睛里。

五、盘发练习要领

（1）在盘发练习过程中，应立足于规范化职业形象要求，将其融入实际操作，直至能独立完成盘发。

（2）将盘发练习和面部妆容设计相互穿插，观察对比，培养审美观。

（3）发型应与自身的脸型、头型、发质相适应，通过盘发练习取得最佳设计效果。

（4）由专业教师指导盘发，观看航空公司乘务员盘发教学视频，通过互动学习，有效提升盘发技巧，使发型美体现空乘形象美。

知识拓展

留住秀发的小窍门

1. 防止风吹、日晒和雨淋

风吹、日晒和雨淋，不但伤皮肤，对发质也会造成伤害。在晴天出门时，要做好日光遮挡，防止紫外线长时间照射，如戴帽子、打遮阳伞等。在雨天出门时，要避免让雨水直接淋到头发上，否则容易损伤头发，造成头发干枯和毛糙。特别是夏季，日光较强，又容易突然降下暴雨，出门带把伞，不但能防晒，还能防雨，一举两得。

2. 正确使用吹风机

洗完头发后，用毛巾将湿发擦干，自然晾一会儿，不要马上就拿起吹风机直接吹发型。立刻使用吹风机会使未干的头发更乱，极易打结，难以梳理。在使用吹风机之前，应先将头发擦干、梳开，而且要保持吹风机与头发之间的适当距离。不当地使用吹风机也会对头发造成一定伤害。

3. 保持头发柔润

空乘人员在盘发或整理发型时使用的发胶一定要清理干净，下班后及时清洗头发。如果头发过于干燥，则在盘发前可适当地喷些纯净水，以保持头发柔润。对于严重受损的头发，除了给头发补充必要的水分，也可使用优质的发油柔润头发。

第五节 头发的清洁与护理

在执飞航班时，空乘人员休息时间不规律，头发长期处于盘发状态，而且经常使用发胶等固发产品，因此平时更需要细心呵护头发，做好清洁与护理。

一、洗发水的选用

1. 了解发质类型

发质一般分为油性、中性、干性和混合性四大类。

（1）油性发质。这种发质正常洗发过后容易产生不清爽的感觉，而且油光发亮，头发直径较细，略显纤柔。油脂虽说能够保护头发，使头发不容易断裂，但比较细的头发需要油脂覆盖的总面积比较小，导致油脂供大于求，或者油脂分泌旺盛，水分少，头发就呈现出油性。

（2）中性发质。这种发质柔滑光亮，不油腻也不干枯，水分和油脂适中。这是比较理想的发质，容易造型和整理。

（3）干性发质。这种发质油脂分泌较少，头发粗壮、干燥、僵硬、暗淡无光，发根往往卷曲，发梢分叉或缠结成团，易断裂。日光暴晒、狂风久吹、空气干燥等均可破坏头发上的油脂，并使水分丧失，导致头发受损，油脂和水分都过少。染烫受损发质也属于干性发质，这是因为染烫过程会造成头发的一些结构被破坏，失去锁水能力。

（4）混合性发质。这种发质靠近头皮的头发很油，越往发梢越干燥，甚至开叉。过度烫发或染发，以及护理不当，就会导致发丝干燥但头皮油腻。

2．选择洗发水

（1）油性发质应选择中性或微碱性单纯清洁洗发水。如果伴有细菌滋生引起的头屑，则可以选用加去屑剂的洗发水。

（2）中性发质应选择中性或微酸性洗发水，含简单护理成分即可。

（3）干性发质应选择微酸或弱酸性，含护理成分的洗发水，配合护发素使用，或者经常做头发保养。

（4）混合性发质应先清洁，后护理。即先按油性发质清洗，再用护发素护理，并避免接触头皮。

知识拓展

如何判断洗发水的质量

判断洗发水的质量通常用四个指标：泡沫度、湿滑度、刺激性、光泽度。

泡沫度一般指洗发水的发泡能力。泡沫越多，意味着清洁能力越强，去油脂能力也越强。油性发质宜选用泡沫度高的洗发水，中、干性发质选择泡沫度适中的洗发水即可。

湿滑度就是洗头冲水时是否手感顺滑，不打结。湿滑度高的洗发水也是一种营养护发剂，即在洗发的同时给予头发有效的护理。干性发质必须选择湿滑度高的洗发水。

应选择刺激性低的洗发水。通常，刺激性低的洗发水使用过后不会产生头干、头痒等不适感。

光泽度高的洗发水会添加一些营养素，在洗发时给头发补充所需的营养成分，还可以在头发表面形成一层保护膜，使头发富有光泽。

二、正确的洗发方式

洗发前先用梳子将头发梳理通顺，洗发时要先用水浸湿头发，再使用洗发水。第一次，先将一定量的洗发水涂在手心上，搓出丰富的泡沫，再从头皮、发根处逐渐向发梢处按摩揉洗，最后用温水冲洗干净。第二次，使用第一次洗发水用量的一半进行复洗，方法同第一次，揉洗后用清水反复漂洗，直至头发上彻底没有洗发水。

接下来用毛巾擦干头发，使用护发素。可以在护发素里加几滴橄榄油，使头发得到深层次的护理。护发素应涂在头发中部或发梢，而不应涂在紧贴头皮的发根处。把手指轻轻插在头发中，慢慢捋顺，使护发素均匀、平滑地分布。

洗发时，还要注意以下几点。

（1）不要直接把洗发水倒在头发上，以免损害发根。洗发水不起泡可能是由于头发还不够湿，应再浸些清水，而不是加更多洗发水。

（2）用洗发水洗两次头发。第一次洗发可以除去油垢和固定发型时使用的发胶等，第二次洗发可以彻底清洁头发，使头发蓬松。

（3）干性发质者不要每天都洗发。

（4）不要勤换洗发水，除非发质发生了变化。

（5）用温水洗发。使用温水时，洗发水的功效最佳。如果水太热，洗发水就会使头发变干，头皮发痒；如果水太凉，洗发水就不会被彻底冲洗干净。

（6）不要在洗发过程中用梳子去梳湿发，这样容易使头发断裂。

（7）使用护发素时要在头发上保留2~3分钟，这样可以让护发素更好地发挥作用。

（8）使用吹风机时，距离头发至少5厘米，不要总吹同一个地方。可以在吹风机上加个喷嘴，使吹风机的热量集中，并使气流按头发的走向流动。发梢半干时，涂抹一层增加头发光泽的护发用品，再把头发抚平，继续吹干。

三、头发的日常保养

1. 养成良好的护发习惯

（1）挑选适合自身发质的洗发水和护发素，把握好洗发的频率。干性发质者最好3天左右洗发一次；油性发质者可以每天洗发一次；中性发质者隔一天洗发一次即可。不要过于频繁地洗发，更不要过度烫染，以免影响头发健康。

（2）正确地梳理头发。最好使用木质或骨质梳子，这样可以减少静电。梳头可以促进头皮的血液循环，有利于头发良好生长。

（3）减少烫染次数，一年之内最多2次；勤修剪发梢，最好一个月修剪一次。

2. 养成健康的饮食习惯

要养成健康的饮食习惯，忌食辛辣、甜腻的食物，尽量清淡饮食。多食用新鲜水果和蔬菜及富含维生素的食物，以促进营养吸收，改善发质。要养护头发，建议多食用如下食物。

（1）黑芝麻。中国民间有"吃黑芝麻，长黑头发"的说法，这是因为黑芝麻富含不饱和脂肪、蛋白质、维生素A、维生素E、卵磷脂、钙、铁、铬等各种营养成分。可以将黑芝麻炒熟直接食用，也可以将黑芝麻、粳米和枸杞煮成黑芝麻粥食用，能有效地补肝益气、润肠通便、养颜护发。

（2）核桃。核桃富含维生素 E，可使细胞免受自由基的损害。经常食用核桃，可让皮肤滋润光滑，头发富有弹性。

（3）花生。花生富含蛋白质、不饱和脂肪、糖类、各种维生素及钙、磷、铁等营养成分，还含有头发生成需要的胱氨酸、甲硫氨酸等，是养发、护发的佳品。

（4）黑米。黑米能够在一定程度上调节人体代谢，增加毛囊细胞的营养，使头发乌黑发亮。

（5）杏仁。杏仁富含维生素 E 和锌，是养发的超级食物。

3. 保证睡眠质量

要注意个人的睡眠质量，保证充足的睡眠时间。经常熬夜不利于头发的健康生长，破坏原本的发质，严重时还会造成脱发、出现白发，并影响个人的生活、工作和学习。

四、头皮按摩的方法

按摩头皮可以促进头皮血液循环，调节油脂分泌，解除头部疲劳，有助于头发的健康生长，使头皮保持健康。

1）方法一

（1）梳发是最简单和最易于上手的日常头皮按摩方法之一。梳拢披散的头发时，使用木质或骨质梳子最好，既不会伤害头发，又能对头皮起到按摩作用。

（2）从梳开散乱的发梢开始，用梳子轻贴头皮，慢慢地旋转着梳拢。

（3）用力要均匀，用力过猛可能刺伤头皮。先从前额的发际向后梳，然后朝相反方向梳理，从后向前梳。

（4）从左、右耳的上部分分别向相反的方向梳理，然后让头发向四周披散开来，再进行梳理。

2）方法二

（1）将双手手指叉开，先前后、再左右按摩头皮，然后绕圈按摩，持续 5 分钟，直至头皮发热。每日早晚各一次。

（2）双手手指按在头皮上，按压转动，每处按摩 3 次。移动手指时先将头皮推动，并非手指在头发上滑动。

（3）双手拇指压住太阳穴，其他手指张开，在头皮上旋转按摩 3 次；然后用双手的示指、中指压住太阳穴按摩 3 次。

（4）手放在前额正上方，轻轻揉擦头皮，然后沿前额的发际、太阳穴鬓角逐渐向后移，移至头皮中心，至少按摩 4 分钟。

3）方法三

（1）将双手指尖放在耳后，以最小的幅度向上移动，直至头顶。

（2）指尖放在耳际，向上做画圆圈的运动，直至头顶。

（3）指尖放在头后，从颈部中央的发际向上慢慢移动，直至头顶。

（4）整个手掌盖在头后部，从两侧移到耳前，向上按摩到前额中央，再从前向后按摩到头顶。

若头发状况较好，则每日一次，每次3～5分钟即可；若想促进头发生长，则需每日早晚各一次，每次8～10分钟。

4）方法四

用十指沿着前额的发际向头顶做螺旋揉动，稍微用力，再由头顶揉向枕部，然后由两鬓向头顶按摩。也可用十指的指尖轻轻敲击头皮，每日数次，每次3分钟左右即可。这样做能够有效地促进头皮的血液循环，减少不正常的脱发，保护头发。

（本章图3-1由南航提供。）

本章实操

1．在理解空乘人员发型设计要求的基础上，男学员设计自己的发型，女学员进行盘发演练。

2．根据自己的发质，选择适合的洗发水，掌握正确的洗发方式及头皮按摩方法，保养好自己的头发。

思考练习题

1．怎样理解航空公司对乘务员发型的要求？

2．如何正确使用定型发胶以固定发型？

3．空乘人员为何要学会清洁和护理头发？

第四章
妆容设计基础与护肤

章前提要

无论是化妆还是护肤，都应当先关注自身的皮肤状况，然后设计有针对性的方案，建立正确的妆容设计及护肤理念，做到有的放矢。

本章阐述了皮肤的结构与生理特性、生长状态、营养吸收，以及空乘人员护肤要领、美白皮肤的措施、护肤的误区等妆容设计基础与护肤知识，使学生对空乘妆容设计有更多的理解。只有拥有健康而科学的妆容设计心理及设计行为，才能让妆容更加出彩，让形象更加靓丽。

学习目标

1. 理解皮肤的结构和生理特性，树立正确的护肤理念。
2. 了解皮肤的生长状态和所需的营养。
3. 掌握空乘人员的护肤要领及美白皮肤的措施。
4. 了解早间护肤和晚间卸妆及面部按摩提拉的相关知识。
5. 理解护肤的误区。

第一节 化妆的基本常识

一、化妆的概念

化妆已经成为现代人必备的技能之一，体现了人们对生活的一种积极态度。妆容的风格多种多样，包括裸妆、彩妆、职场妆、舞会妆……无论哪种妆容，其实都具有非常细致的构思和化妆步骤。通过妆容设计对自我形象进行塑造，用社会学理论来解释，就是角色扮演或自我实现。从社会结构的角度来说，每个人在社会中或一个集体中，都占有一定的符合社会地位规定的位置，这就是身份。身份也是个体在交往中的一种标志与象征，印证了职场活动类别，就像人们看到空乘人员就会想到航班服务一样（见图 4-1）。化妆已经成为仪容仪表的一个重要组成部分，对职场人士来说，化妆和制服一样重要，不仅可以使自己看起来更靓丽、更精干，甚至可以作为改善心情的一种手段，这在心理学上也被称为自我暗示。

图 4-1 空乘人员妆容

其实，化妆并不是把各种化妆品一层层简单地涂抹到脸上，而是运用适当的化妆用品和化妆工具，按照一定的步骤和技巧，对人的面部、五官等进行描画、修饰、整理和渲染，从而表现出一个人独有的审美趣味、个性风采、职场魅力。化妆可以帮助人们遮盖自己的瑕疵，放大自己的优点，起到扬长避短的作用。得体的妆容可以增强人们的自信心，唤起人们在心理及生理上的潜在活力，有助于消除疲劳，提升工作效率。注意，在不同的场合，需要不同的妆容与服饰、发型搭配。

二、了解皮肤

皮肤是包裹在人体表面的完整组织，也是人体最大的器官，从头顶、四肢到脚底，覆盖着每个人的全身。一个成年人的皮肤面积可达 2 平方米左右，重量约为人体重量的 16%。正常的皮肤含有人体 20%左右的水分，以保持柔润度，若水分过少，皮肤就会出现干燥、缺水等现象，加剧皮肤老化和皱纹的形成。皮肤由外向内分为三层，即表皮层、真皮层和皮下组织。皮肤的附属器官有毛囊、皮脂腺、汗腺和指甲等，还有血管、淋巴管、神经和肌肉等。人体足底部的皮肤最厚，一般在 4 毫米左右，而眼皮上的皮肤是最薄的，不到 1 毫米。

图 4-2、图 4-3 分别展示了皮肤的结构和表皮层的结构。

1）表皮层

表皮层是人体皮肤最外面的一层，平均厚度为 0.2 毫米左右。表皮层由外向内可分为五层，即角质层、透明层、颗粒层、棘层和基底层。正常情况下，表皮层与真皮层之间呈波浪形，以维持皮肤的良好弹性。而在皮肤老化的情况下，两者之间的波浪形会逐渐消

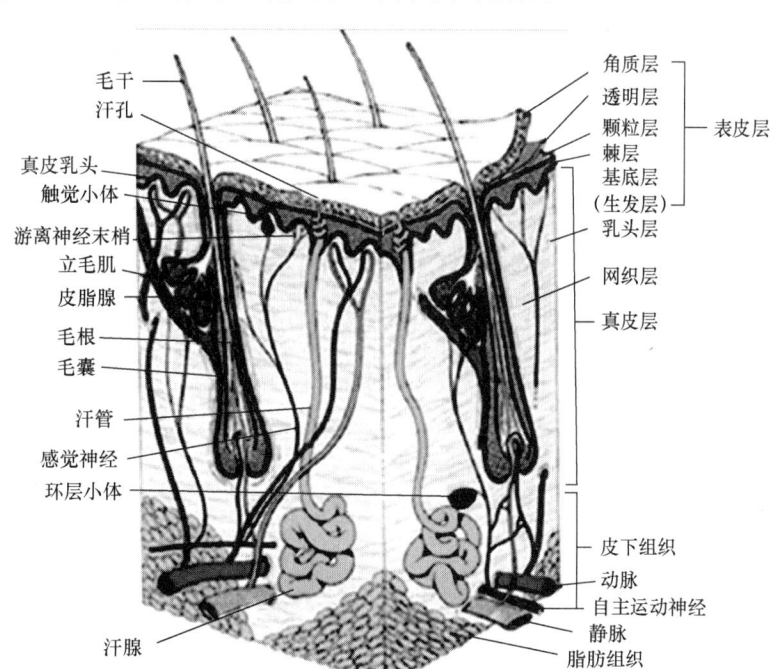

失,导致皮肤失去应有的弹力,开始出现不同程度的松弛。

图 4-2 皮肤的结构

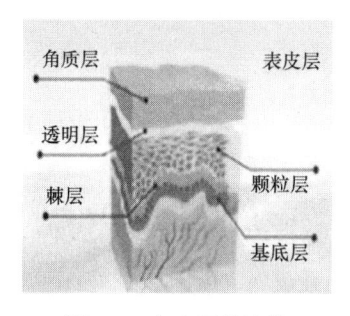

图 4-3 表皮层的结构

(1)角质层。角质层具有防止体液外渗、抵抗摩擦及抵御外界化学物质内侵的作用。如果角质层太厚,皮肤就会失去光泽,显得粗糙,易干裂,影响护肤品的正常吸收;如果角质层太薄,皮肤又容易敏感,或者长色斑。所以需要定期去角质,但又不能频繁地使用去角质产品。

(2)透明层。透明层又称屏障带,能阻止水分、电解质和化学物质通过。只有手掌、脚底等角质层较厚的部位才有这一层。

(3)颗粒层。酸性和碱性过强都会给颗粒层细胞带来不适,因此洗脸时要用温和的洗面奶。

(4)棘层。表皮层中最厚的一层为棘层,含水量最高,给表皮层输送营养,滋养表皮层。

（5）基底层。基底层又称生发层，由基底细胞和黑色素细胞构成，黑色素细胞分泌黑色素，决定皮肤的颜色。基底细胞是表皮各层细胞的生化之源，这一层的细胞不断分裂，向上移动、角化、变形，形成表皮其他各层细胞，最后角化脱落。基底细胞从分裂到脱落的时间一般为 28 天，即皮肤的新陈代谢周期。

2）真皮层

真皮层是由胶原纤维、弹力纤维、网状纤维组成的结缔组织，其中的胶原蛋白决定着皮肤的弹性和柔润度。真皮层含水量约占全部皮肤的 60%，就像皮肤的储水仓库，为皮肤锁住水分，提供营养。皮肤缺水而导致的老化往往是从真皮层开始的，因此给皮肤补充水分十分重要。

3）皮下组织

皮下组织是人体皮肤的最底层，包括脂肪层。因年龄不同、部位不同、健康状况不同，脂肪层的厚度也有所不同。脂肪层的主要功能是储存能量，保护人体内部的组织，也会使皮肤看起来非常柔润，饱满而富有张力。

此外，从皮肤保养的角度来看，表皮层并不是最外面的皮肤成分，其外面还有一层起保护作用的皮脂膜，是汗液和油脂在皮肤表面乳化形成的。皮脂膜可以反射紫外线，平衡酸碱物质，维持皮肤表面的弱酸性环境，阻止皮肤表面的水分流失。要关注皮脂膜的完整性，干性皮肤者要特别注意补充油脂，如对面部进行滋润护理，使用晚霜等护肤品。

三、皮肤的生理特性

一般情况下，皮肤的 pH 值为 4～8，最高可到 9.5，平均约为 5.8，而面部皮肤的 pH 值通常在 5.5 左右，呈弱酸性。恰当地使用护肤品，调理好皮肤的酸碱度，能使皮肤处于吸收营养的最佳状态，使皮肤光洁、柔润。皮肤也是活性细胞组织，吸取足够的营养成分，可以使细胞保持活力。

在正常状态下，皮肤显得柔软、结实、有弹性，并且皮肤表面有一定的润滑感，带有明显的光泽感。皮肤具有愈合与修复功能，如皮肤伤口部位的愈合、肤色的调整、肤质的修复等。每个人体质及皮肤的实际情况决定着愈合与修复能力的强弱。皮肤还可以阻挡外界异物和病原体入侵，防止体液丢失，感受外部环境的各种刺激，以及调节体温。因此，保持良好的皮肤状况十分重要。

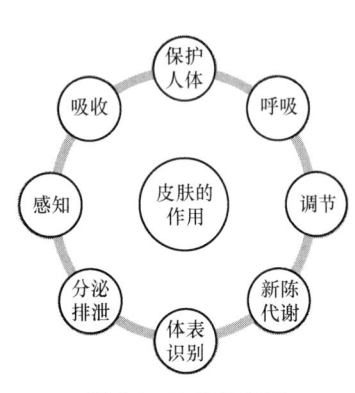

图 4-4 皮肤的作用

四、皮肤的作用

皮肤的作用包括保护人体、吸收与呼吸、感知与调节、分泌排泄与新陈代谢、体表识别等，如图 4-4 所示。

1. 保护人体

首先，皮肤覆盖着人体的各个部位，保护着人体的肌肉组织、内脏器官，因此，皮肤也是身体的第一道天然防线，这是皮肤的重要生理功能。

其次，皮肤内的纤维组织具有一定的抗拉性、弹性和柔韧度，皮下脂肪犹如一层软垫，两者共同抵御来自外部环境的挤压或冲击力，可以减少或缓冲机械性的损伤。

再次，皮肤可以有效防止体内的水分和营养物质流失，警告或提示人体的缺水情况。例如，身体缺水，就会表现出嘴唇干裂、面部皮肤失去光泽、头发干枯、皮肤粗糙等症状。一旦不能获得足够的内外营养，皮肤就会拉响"警报"。

最后，表皮层外面的皮脂膜能起到保持水分、防止外界污染和细菌侵入、抵挡紫外线的伤害等作用；颗粒层可以抵消酸性和碱性物质对皮肤的影响；基底层中的黑色素细胞能够反射与吸收日光中的一部分紫外线，防止其对人体肌肉组织和内脏器官造成损伤和破坏；角质层则可以抵御摩擦，防止化学物质内侵等。

2. 吸收与呼吸

1）吸收

皮肤具有良好的吸收作用，可被吸收的物质可以透入角质层细胞，再经表皮各层到达真皮层被吸收，也可以通过毛囊、皮脂腺和汗腺导管等被吸收。皮肤是自带过滤性质的"吸收器"，具有吸收外界物质的能力，使用化妆品后，通过角质层和毛囊的渗透，达到给皮肤补充水分、滋润保湿、修复受损细胞和改善肤质的目的。

通常情况下，脂溶性物质容易被皮肤吸收。化妆品中常用的油脂成分包括植物油脂、动物油脂、合成油脂等，主要起着保养、滋润、柔滑皮肤等作用。

同时，角质层的薄厚也会影响皮肤对化妆品的吸收效果。从理论上说，角质层越薄，吸收能力就越好，但这并不意味着角质层越薄越好。例如，化妆品的包装上常有"打开毛孔"的字样，其实这和用指腹轻弹皮肤、按摩皮肤、蒸汽美容等的目的一样，都是增强皮肤的吸收性，促使有益物质被皮肤有效利用。

2）呼吸

皮肤具有良好的透气性，其呼吸量占整个身体呼吸量的1%。假如用不透气的材质裹住身体，阻止了皮肤的呼吸，身体马上就会出现不适。

3. 感知与调节

1）感知

皮肤是身体的感应器，具有极高的灵敏度。皮肤中密布着神经，能够把皮肤触及的刺激信息迅速地通过神经系统反馈给大脑，以加强对身体的保护，避免出现更进一步的身体伤害。例如，皮肤对冷热、接触，以及疼痛、压力、冲撞等感觉做出及时反应，引发防护警觉，使自己远离危险。

2）调节

皮肤具有自主调节功能，当外界温度发生变化时，皮肤会首先做出反应，通过皮肤浅层血管的收缩和扩张，调节血液循环和汗液分泌。例如，当外界温度升高时，或者在剧烈运动后，皮肤血管扩张，通过排汗调节体温；当外界温度降低时，皮肤血管收缩，排汗量减少，以维持体温。

4．分泌排泄与新陈代谢

1）分泌排泄

肾脏排泄和皮肤排泄是人体两套排泄水分的系统。皮肤排泄作为肾脏的辅助排泄系统，通过分泌汗液和皮脂，带走人体内多余的尿素、氨、脂肪等物质。另外，汗腺分泌汗液，能够调节体温，并使皮肤湿润；皮脂腺分泌皮脂，可以防止水分流失，使皮肤光滑。

2）新陈代谢

皮肤通过血液循环，参与人体的蛋白质、水、糖和电解质等新陈代谢的过程，维持身体的生理平衡。

5．体表识别

俗话说"人黄有病，天黄有雨"。在古代医学家扁鹊发明的"望、闻、问、切"的诊疗方法中，"望"就是看颜表、观气色，通过对皮肤的观察，发现或了解一个人的身体健康状况。此外，皮肤颜色还可以帮助人们判断他人的人种，甚至知道其所属的国家或地区。因此，体表识别也是皮肤的作用之一。

五、皮肤的类型

1．中性皮肤

中性皮肤是最理想的皮肤类型，水、油含量比例适中，角质层含水量在10%～20%，pH值一般为4.5～6.5。皮肤表面细腻光滑，毛孔细致，皮肤弹性较好，面部红润而有光泽。中性皮肤不易受外界刺激，皮炎发生概率较低，皱纹生长慢，妆面的服帖感较好。

2．油性皮肤

油性皮肤不细腻，毛孔较为明显，皮脂分泌旺盛，有点类似橘皮，即人们常说的"油光满面"。油性皮肤毛孔较粗大，易受周围环境的影响，抗尘、抗菌的能力较弱，还会因为太油而脱妆。然而，正是得益于皮脂的保护，油性皮肤老化及皱纹生长不明显。

3．干性皮肤

干性皮肤表面看起来还算细腻，毛孔也不太明显，但皮脂分泌量较少，角质层含水量低于10%，所以显得干燥而少油。干性皮肤易受外部环境的刺激，出现红肿、痛痒等现象，皮肤容易老化，皱纹生长快。干性皮肤妆面附着力强，极少发生脱妆，并且不太容易长痤疮。

4．混合性皮肤

混合性皮肤通常是面部 T 区的额头、鼻翼等为油性，其他部位（包括 U 区的下巴、脸颊等）为干性或中性。油性部位毛孔粗大，皮脂分泌量多，很容易长痤疮；干性部位容易出现皮肤粗糙及过早老化现象。但随着年龄的增长，皮肤类型也可能发生变化。

5．敏感性皮肤

敏感性皮肤对周围的环境比较敏感，对风吹日晒、花粉灰尘等反应强烈，特别是换季时极易出现过敏症状，甚至出现红斑、丘疹等，还可能对某些食物、化妆品过敏。这种类型的皮肤一般比较细腻、白皙，但在使用化妆品时需要格外小心，以免皮肤过敏。

六、皮肤受损的原因

1．环境影响

日光暴晒、气候变化等自然环境中的各种不利因素，都会影响皮肤的健康。例如，春、秋两季天气忽冷忽热，冬季气候干燥，夏季紫外线强；有害的化学物质、粉尘排放，环境污染，有害细菌的侵入等，都会对皮肤造成不同程度的损伤。

2．性格因素

有的人性格外向，爱说爱笑，善于与他人分享自己的生活，身心愉悦，当然皮肤也会跟着受益；有的人性格内向，不喜欢说笑，也不愿意与别人分享心事，长期压抑自己，自然也会影响皮肤的健康。当遇到不开心的人和事时，一定要学会排解内心的情绪，让压力及时释放，否则对身心健康和皮肤状态都不利。

3．生活习惯

很多人经常熬夜，长期睡眠不足，睡眠质量不好；一些人喜欢辛辣刺激的食物，吃肉过多，吃水果、蔬菜过少；不喜欢喝水，或者只喝饮料等。这些生活习惯都会造成皮肤营养不良、缺水等，使皮肤受损。

4．护肤方式

与其他部位的皮肤相比，面部皮肤非常细嫩，又长期暴露在空气中，很容易受到各种各样有害物质的污染与损伤，因此对面部皮肤进行保养与护理十分必要。如果人们对护肤不以为意，或者护肤方式不正确，在选择化妆品时没能及时关注皮肤的适应情况等，都会对皮肤的保养与护理造成不利影响，导致皮肤受损。

第二节　皮肤的生长状态

一、了解皮肤生长状态

进入青春期后，皮脂腺分泌旺盛，角质层细胞活跃，真皮层中的胶原纤维逐渐增多，变得致密，因而在这个年龄段，皮肤的状态是最好的。但是，青春期性激素分泌增加，以及皮脂腺分泌旺盛，也会导致皮肤出现痤疮，还会出现粉刺、疹子、毛囊炎等一些皮肤病。在这一时期更要关注皮肤的护理，注重清洁、控油、补水、保湿，并做好防晒与隔离。

随着年龄的增长，人体的新陈代谢减缓，角质层细胞更新时间延长，皮肤中的天然保湿因子含量有所下降，真皮层中胶原纤维再生能力变弱，皮肤的含水量开始降低，变得干燥，皮肤伸展性、弹性和回缩性下降，前额、眼角等处皱纹开始出现。

皮肤的老化主要表现在几个方面：一是表皮层含水量减少，皮肤很容易干燥；二是真皮层中的胶原纤维减少，状态改变，皮肤失去原来的柔韧性，弹力差；三是皮下脂肪层萎缩，皮肤跟着变薄，张力减弱等。

皮肤组织的退化及萎缩是从青春期之后开始的，到了中年阶段便开始加速。在自然的生长过程中，青春期最佳的皮肤状态逐渐改变，皮肤开始变得干燥、粗糙、松弛等，尤其是面部的变化最明显。根据不同年龄段的皮肤状态变化，要及时采取相应的护理方式，通过有效的干预和防护措施，减少或避免皮肤病的发生，延缓皮肤退化的进程，达到养护和健美皮肤的目的。

二、影响皮肤生长状态的因素

1. 年龄

1）皮脂分泌

不同年龄阶段的人，其皮肤的生长状态不尽相同。婴幼儿皮脂分泌量只相当于成人的 1/3，这种现象会一直持续到青春期。皮脂分泌最旺盛的阶段是青春期，一般在 25 岁之前，此后皮脂分泌逐渐减少。

2）皮肤含水量

皮肤含水量与年龄成反比，婴儿皮肤的含水量是老年人的 3 倍之多。青春期的峰值过后，皮肤含水量会逐渐下降，因此应强调补水和保湿，以帮助皮肤维持正常含水量。但任何事情都不可矫枉过正，如选用不适合自己皮肤类型的保湿霜，反而会导致皮肤出现问题。

3）皮肤弹性

随着年龄的增长，皮肤内的弹性纤维与胶原纤维的再生能力开始减弱，结果是皮肤老化，失去原来的弹性，柔韧性下降。

2. TEWL

经皮水分损失（Trans Epidermal Water Loss，TEWL）又称透皮失水，是反映角质层屏障功能的常用指标，TEWL 值越高，表明经皮肤损失的水分越多，角质层的屏障功能越差。当皮肤屏障功能受损时，在角质层水分含量不足的情况下，水分仍然经皮损失，使原本干燥的皮肤更加干燥。对于皮肤屏障功能已经受损的人群，如敏感皮肤人群，在使用保湿产品前后，TEWL 值的变化非常明显。相关研究表明，老年人的 TEWL 值明显低于 30 岁以下的人群,而与35~55岁人群无明显差异;婴儿的TEWL值高于其他年龄段的人群。

3. 性别

男性和女性在皮肤TEWL值方面的差异并不明显,但是男性的雄性激素水平高于女性,皮脂分泌比女性旺盛许多,因此青春期的男性更易长痤疮。随着年龄增长,由于性激素水平下降,皮脂腺萎缩,皮脂的分泌能力降低,细胞活力减弱,新陈代谢退化等,皮肤加速老化。

4. 疾病

皮肤的屏障功能会受到各种皮肤病的严重影响。例如,脂溢性皮炎患者的皮肤易敏感;干燥性湿疹、异位性皮炎等皮肤病患者的TEWL值高于正常人群。

5. 其他原因

肤质不同,皮肤生长状态也可能不同。长期的日光照射、风吹等也会对皮肤生长状态造成一定影响,如光老化现象,使皮肤粗糙、干燥、变厚、色素沉积、皱纹加深、松弛无弹力等。

三、皮肤中的水分

皮肤中60%~70%是水,水分决定了皮肤的通透性和饱满感。皮肤含水量在青年时期最高,所以这一年龄段的皮肤非常细腻。角质层的含水量在20%左右时,皮肤润泽而光滑;如果含水量低于10%,皮肤就会变得干燥,甚至皲裂。

第三节　皮肤的营养

一、皮肤的内外营养

皮肤的营养来源可分为内、外两部分,即通过外部的清洁、护理等保养方式,为皮肤提供必要的营养成分,以及通过饮食方面的合理搭配,增加身体营养,进而达到养护皮肤的目的。想保养好皮肤,必须关注日常饮食和皮肤护理,采取"两手抓,两手都要硬"的保养策略。例如,在外部保养方面,使用洗面奶清洁,使用补水、保湿、隔离产品,外出打伞、戴太阳镜、戴遮阳帽和护面巾,避免紫外线对皮肤的照射,经常做面膜等;在内部保养方面,多吃维生素含量较高的新鲜水果、蔬菜,还有富含胶原蛋白的食物。同时要积极锻炼,按摩皮肤,做有氧运动等,促进血液循环,增强皮肤细胞活性,促使皮肤健康生长。

二、皮肤的外部营养

皮肤对外部营养的吸收,主要是指在皮肤表面使用化妆品,使护肤成分被皮肤有效地吸收和利用,包括表皮细胞膜渗透吸收和表皮细胞间隙的渗透吸收。因为个人皮肤的好坏对化妆效果的影响很大，所以皮肤保养是化妆的先期基础。

1）根据皮肤类型供给营养

要满足皮肤的外部营养吸收需求，首先应该做到有针对性地选择与使用化妆品，根据不同的肤质选择适合的产品，呵护皮肤，补充营养。

（1）油性皮肤。皮脂分泌量大，皮肤光泽度好，但容易脱妆。油性皮肤可能出现粉刺、丘疹、痤疮等皮肤问题，因此要选用控油、保湿及收敛的化妆水。如果是容易长痘的敏感皮肤，则可选用敏感类护肤品，待皮肤屏障恢复后，再使用控油保湿类护肤品，还要避免对皮肤的过度清洁。当皮肤问题比较严重时，建议咨询专业医生，进行药物治疗。

（2）干性皮肤。柔感、光泽感不足，洁面后皮肤紧绷感强，但一般不会长粉刺和痤疮等，粉底的附着力强，不易脱妆。在做面部清洁护理时，最好不要用碱性、刺激性比较强的洗面奶、面膜产品，可以用含有滋润成分的牛奶、蜂蜜、蛋清等护理产品；洗脸水不要太烫；尽量不用有紧致皮肤、收缩毛孔作用的爽肤水；建议使用含油量高的保湿产品。

（3）中性皮肤。皮肤细腻、光滑而红润，对化妆品的适应性较好，化妆后不易因出汗而脱妆。洁面时的水温要适中或偏低（40℃或以下），可用中性洗面奶，用营养性好、略带收敛效果的化妆水，并用营养霜（液）护理皮肤，以保持皮肤的良好弹性和润泽感。

（4）敏感性皮肤。这种类型的皮肤最怕刺激性的化妆品，因此无刺激的养护型化妆品比较适合，以减少或避免对皮肤的刺激性伤害。最好在使用之前先进行小面积的皮肤试用，更要做好全年的皮肤防晒，防止紫外线伤害。

2）根据季节变化进行保养

不同季节的气候不同，需适当调整化妆品的使用。例如，敏感性皮肤在换季时易生湿疹，对花粉等产生季节性过敏反应，要根据当下的具体情况正确选用化妆品。再例如，油性皮肤的人在夏季要注意化妆品的含油量，越低越好；干性皮肤的人在冬季应选择含油量高的化妆品，为皮肤提供恰当、合理的营养成分；中性皮肤的人在夏季应选择乳液型护肤品，以保证皮肤清爽、光洁，在冬季可选用护肤膏，防止皮肤干燥、粗糙。还要注意晚间的皮肤清洁和护理，卸妆要彻底，不留下任何化妆品残余，并补充皮肤需要的水分和营养。

3）根据地域情况补充营养

中国面积广大，地域辽阔，不同的地域在气候上有各种差别，因此除了皮肤类型、季节变化，还应关注地域环境的不同，根据当地的气候情况选择各类化妆品。例如，南方湿润、多雨，特别是梅雨时节，一般不宜选用含油量过高的化妆品；北方气候干燥、风沙大，更应注重皮肤的补水和保湿。要因地、因时、因人而异，搭配使用化妆品。

三、皮肤的内部营养

皮肤健康也是身体健康的组成部分，合理的日常饮食搭配能够帮助人们改善身体机能，补充皮肤营养，保持良好的皮肤生长状态。例如，大枣素有维生素之王的美誉，富含钙、磷、铁等营养成分，能够补血益气，常吃可以美容养颜；百合具有清火润肺、清心安神的功效，可以改善睡眠质量，清润皮肤；山药可以健脾养血、益肾补气，延缓皮肤衰老等。

四、饮食与皮肤健康

良好的饮食能够为皮肤提供充足的内部营养，保持皮肤健康。具体应做到以下几点。

1. 多吃维生素含量较高的食物

维生素C参与胶原蛋白的合成，能使皮肤更有弹性，还可以保护大脑，促进伤口愈合，提高免疫力等。日常食用的水果和蔬菜中都含有大量的维生素C，水果如苹果、梨、橘子、橙子、樱桃、草莓、香蕉、桂圆、杏、柠檬、西瓜、大枣、猕猴桃等；蔬菜如西红柿、青椒、黄瓜、菠菜、小白菜等。一般来说，成年人每天食用300~500克水果或蔬菜，就能够满足肌体对维生素C的需要。

B族维生素可使皮肤变得光滑、细嫩、柔软，维持皮肤弹性纤维的良好状态，如果严重缺乏，就会使皮肤过早地老化，出现皱纹。B族维生素的补充，对脂溢性皮炎、痤疮等有很好的治疗效果。奶类、蛋类、蔬菜、鱼类、谷物、豆类、动物肝脏、肉类、贝壳类、坚果类、水果等，都含有B族维生素。在日常饮食中，要注意蔬菜、水果、粗细粮、蛋奶等食物的均衡，不能偏食，更不能挑食，并保证食物的新鲜度。

维生素E具有美容保健的功效，有抗氧化作用，能够保护肌体细胞免受自由基的伤害，防止皮肤过早老化，还可以辅助治疗炎症性的皮肤病、脱发症，抑制黑色素的形成，淡化色斑等。橘子、橙子、西瓜、芒果、木瓜、杨桃、猕猴桃、草莓、南瓜等，以及蜂蜜、牛奶、鸭血、猪血、牛肉、羊肉、猪肉等都含有丰富的维生素E。

除了在日常饮食中摄入必要的维生素，对于维生素严重缺乏引起的各种症状，还可以咨询专业医生，在医生指导下进行治疗。表4-1对水果、蔬菜及其他食物富含的维生素类型进行了归纳。

表4-1 水果、蔬菜及其他食物富含的维生素类型

维生素类型	水果	蔬菜	其他食物
维生素C	苹果、梨、橘子、橙子、樱桃、草莓、香蕉、桂圆、杏、柠檬、西瓜、大枣、猕猴桃等	西红柿、青椒、黄瓜、菠菜、小白菜等	其他富含维生素C的食物
B族维生素	香蕉、橘子、橙子、葡萄、菠萝、木瓜、猕猴桃、梨、荔枝等	绿叶蔬菜等	奶类、蛋类、鱼类、谷物、豆类、动物肝脏、肉类、贝壳类、坚果类等
维生素E	橘子、橙子、西瓜、芒果、木瓜、杨桃、猕猴桃、草莓等	南瓜等	蜂蜜、牛奶、鸭血、猪血、牛肉、羊肉、猪肉等

2．少吃辛辣刺激性食物

很多年轻人喜爱辛辣刺激性食物，但经常食用这样的食物，会对皮肤造成不良影响，不利于皮肤的健康。辛辣刺激性食物会对胃肠道黏膜造成损害，引起胃肠道不适，并且很有可能导致维生素摄入不足，使皮肤衰老。敏感性皮肤的人食用辛辣刺激性食物，很容易引发皮肤过敏。辛辣刺激性食物很容易使人"上火"，造成喉咙不适、口角生疮、牙齿疼痛等；还会让毛细血管扩张，使皮肤油腻，容易堵塞毛孔，引起皮肤炎症。有痤疮的人更要避免食用辛辣刺激性食物，否则会加重病情，对皮肤造成进一步损伤。

空乘学员一定要养成良好的健康饮食习惯，少吃辛辣刺激性食物，可以多吃一些清淡的汤类食物，如菌菇鸡汤、冬瓜排骨汤、西红柿鸡蛋汤等。

3．注意四季饮食调配

春季万物生长，但比较干燥，应当多吃绿色蔬菜和水果，以及高蛋白的食物，如瘦肉、鱼虾等。

夏季气温较高，饮食要清淡，以素食为主，避免虚火上升，选择清热解暑的应季食物和新鲜瓜果，如西瓜、桃子等，多喝水。

秋季十分干燥，可早晚食用一些粥类和水果，注意补充水分。

冬季天气寒冷，可食用一些高热量、能御寒、有营养的食物，如肉类等，并注意适量补充水果，保证维生素供应充足，肌体代谢状况正常。

第四节　空乘人员护肤要领

一、皮肤与妆容

基于乘务工作的特殊性质、客舱环境、旅客感受、公司要求、职业形象建立等条件，空乘人员必须自觉维护好个人形象，不能放松对皮肤的保养。皮肤保养是一个循序渐进的坚持过程，在了解皮肤状况、清楚皮肤保养的方法、保证合理营养的基础上，还应当持之以恒。

面部分布着人的五官，每个部位都十分重要，因此既要有最适合面部需要的营养成分，又不可忽视眉、眼、鼻、唇等的修饰需要，以获得满意的形象设计效果。面部是心灵的反映，保养好面部皮肤是护肤的核心。面部皮肤越健康，妆容越细腻，就越说明空乘人员有自律性，重视个人形象，进而反映出空乘人员的职业精神和职业素养。

二、早间、日间和晚间护肤

早间护肤是化出理想妆容的基础步骤，目的是使皮肤更润滑，化出更加服帖的妆面；日间护肤的目的是保持妆容的完整效果，不会由于眉、眼、唇、面颊等部位的残妆影响形象；晚间护肤是一个十分重要的环节，通过卸妆给皮肤卸下白日的重负，通过护肤给皮肤提供休养和恢复的机会。忽视晚间护肤，日间积累的大量灰尘和有害物质会堵塞毛孔，导致皮肤呼吸不畅，失去光泽，粗糙发暗；严重时会使皮肤提前进入衰老阶段，色斑及皱纹也会快速形成。

1. 早间护肤

1）正确洗脸

所谓洗脸，就是对面部皮肤进行清洁。早间护肤是全天皮肤保养的开端，是护肤的第一步，清洁工作是否做到位，直接影响皮肤对营养成分的吸收。

（1）洗脸时水温不能过高，太烫的水容易损伤皮脂膜，而温水或稍微有些凉的水有助于唤醒皮肤，增强皮肤细胞的活性，有利于营养的吸收。

（2）将洗面奶挤在手心中搓揉起泡，再涂抹到脸上。

（3）用指腹在脸上轻轻地打圈清洁并按揉，充分清洁脸上的各个部位，包括耳前、下巴、颈部等。

（4）用清水把洗面奶冲洗干净，不留死角，还可以用双手在刚洗过的脸上稍捂一会或轻轻触摸几下，让面部更柔和，为接下来的皮肤护理打好基础。

2）正确补水

面部皮肤犹如田中的禾苗，只有水分足够且不过多，才能叶肥枝绿，看起来精神百倍、意气风发。为了使面部皮肤既有足够的水分，也不至于水分过多而吸收不了，造成皮肤负担过重，就要关注恰当与合理的补水方式。

（1）将补水产品倒在掌心，温柔地"拍"在面部，然后用指腹在脸上轻弹或按压，或者把喷雾型补水产品轻轻地喷在面部，再用指腹轻弹或按压，激活皮肤细胞，帮助皮肤迅速吸收。也可以用化妆棉蘸取化妆水，轻轻"按"在脸上进行补水。

（2）要注意补水量，特别是干燥天气、冬季要适当增加补水量，使皮肤快速、完全吸收即可。不要直接涂抹式地使用补水产品，这样做吸收效果不好。

（3）中性皮肤者可使用爽肤水；油性皮肤者可使用紧肤水；干性皮肤者可使用柔肤水；敏感性皮肤者可选用修复类型的补水产品；混合性皮肤者应根据具体部位，如面部的T区和U区，使用相应的补水产品。

（4）一些补水产品含有微量的酒精成分，要根据自己的皮肤状况选用。

3）正确保湿

皮肤保湿的关键是选择保湿产品。保湿效果好，并有一定柔护、美白、抗皱等效果的护肤品，能够柔润皮肤，改善肤色，延缓皮肤衰老。在选择和购买保湿产品时，要看清楚说明，并小范围试用。选对、用对保湿产品，不但能够很好地护肤，还能预防各类皮肤疾病，避免皮肤出现不良反应。

4）眼部护理

俗话说"人老先从眼上老"，可见不能轻视对眼部的护理。经常熬夜、休息不好，会导致出现黑眼圈和细纹，眼部皮肤过早松弛，使眼部看起来没有精神，影响个人形象。要用心地呵护眼部皮肤，抓紧补充营养成分，并使用好眼霜。

在选择和使用眼霜时，首先，要选用具有紧致、提拉功能的眼霜；其次，因为眼部周围的皮肤很细嫩，所以手法要轻柔；最后，涂抹眼霜的正确位置是下眼眶骨（眼肚处），以及眼尾外侧的上方，并不是上眼皮。取眼霜时，用无名指的指腹或配用的提取棒少量提取，并保证眼霜不被细菌污染；涂抹眼霜时，用无名指的指腹左右轻轻地按揉，再轻柔地由内向外按揉，眼角处的按揉时间相对要长一些，直到眼霜被全部吸收。

5）隔离与防晒

给面部皮肤涂抹上防晒和隔离产品，这一步是非常关键的，千万不可大意和疏忽。防晒产品每次早间护肤都要使用，不能间断。

2. 日间护肤

日间护肤的重点就是做好紫外线防护，防止风吹、沙侵，以及隔离周围的污染物和细菌。

（1）三餐均衡，水分摄入充足，注意四季的防晒措施。

（2）午间最好休息一会儿，让身心放松，缓解疲劳。

（3）如果环境比较干燥，就多喝水，多吃新鲜蔬果，并做好皮肤的补水。

（4）如果皮肤暴露在日光中的时间比较长，则更要注意防晒，特别是夏季，可以选择防晒指数相对高一些的防晒产品，做好日间防护，避免或减轻紫外线对皮肤的损伤。

（5）空乘人员可根据航班情况做好日间护肤。隔一段时间检查一下皮肤及妆容，可以随身携带保湿喷雾、润唇膏等，保持个人在航班上的良好形象。

3. 晚间护肤

1）卸妆干净

在睡觉之前，还有一项重要的工作需要自觉完成，即做好晚间护肤。第一步就是卸妆，妆卸得是否仔细、彻底和干净，不但决定第二天妆容的效果，长期来看，还会影响皮肤的状态。这是因为化妆品残留在脸上会堵塞毛孔，妨碍皮肤吸收营养，加重新陈代谢负担，使皮肤出现问题。

（1）在选用卸妆水、卸妆油、卸妆乳等卸妆产品进行卸妆时，应关注皮肤的类型。一般来说，油性皮肤、混合性皮肤、敏感性皮肤者建议用卸妆水；干性皮肤者建议用卸妆油、卸妆乳；中性皮肤者，卸妆水、卸妆油、卸妆乳均可使用。

（2）卸妆顺序：眼睛、眉毛、嘴唇、脸颊。

① 卸除睫毛膏。用棉棒蘸取少量眼部卸妆产品，由睫毛根部向睫毛尖部，即顺着睫毛生长的方向轻轻擦拭，卸除睫毛膏。

② 卸除眼线。用棉棒蘸取少量眼部卸妆产品，分别沿眼睑边缘从内眼角向外眼角轻轻滚擦，卸除眼线。

③ 卸除眼影和眉妆。用蘸取卸妆产品的化妆棉分别向两边擦拭，卸除眼影和眉妆。

④ 卸除唇妆。用蘸取卸妆产品的化妆棉从嘴角的一边向另一边轻轻擦拭。

⑤ 卸除腮红。顺着颧肌走向，从内向外轻轻擦拭。

⑥ 二次洁面。卸妆后，还要对面部皮肤进行二次清洁，使用洗面奶和温水清洗。

还应注意下巴和颈部的妆面卸除，可用化妆棉蘸取卸妆产品，从下向上擦拭，直到化妆棉上没有粉底颜色。在使用化妆棉卸妆时，可对折两次，用完一面再换干净的另一面，这样可以提高化妆棉的利用率。敏感性皮肤者应选用不含酒精、香料等成分的卸妆产品，以免引起皮肤过敏。

2）面部按摩提拉

温柔地按摩面部皮肤，以及提拉疲劳的皮肤，可以激发皮肤细胞的活力，促进新陈代谢，增强皮肤对营养成分的吸收。一是用指腹轻"弹"、轻"击"面部皮肤；二是在"按、揉"动作中，对五官周围的皮肤、面颊处的皮肤进行数次提拉。

（1）下巴按摩提拉。双手指腹分别从下巴至嘴角两边，由内向外打圈按摩提拉。

（2）面颊按摩提拉。从鼻根部两边出发，分别用指腹向上按摩提拉，然后在面颊上打圈按摩。

（3）下眼睑按摩提拉。从内眼角出发，分别向两边的外眼角按摩提拉。

（4）眼尾按摩提拉。从两眉中部出发，分别向两边画圈按摩提拉，指腹收在眼尾处。

（5）眼部周围按摩提拉。从鼻根部向上提拉，用指腹轻轻地画圈按摩眼部周围皮肤。眼部周围的皮肤比较细嫩，动作一定要舒缓，切不可急躁。

（6）额头按摩提拉。双手指腹从额头中间部位出发，分别向两边按摩提拉，多次重复。

注意，在做面部皮肤的按摩提拉时，一定要使面部肌肉处于放松的状态，手法轻柔、舒缓，有一定的韵律和节奏感。最好播放一些轻缓抒情的音乐，以愉悦的心情完成整个面部的按摩。注意指甲不要划伤面部皮肤，并且要多次重复上述动作，每个动作不少于20次，或者按摩20~30分钟。面部按摩一举多得，不仅能够紧致皮肤、瘦脸、增加皮肤弹性，还可以有效消除皮肤疲劳，促进皮肤血液循环，加强皮肤对营养成分的吸收，减缓皮肤衰老，阻止皱纹生长，很好地保持皮肤的健康状态，增加青春活力。

3）面膜贴敷

晚上是皮肤细胞进行修复的最佳时间，也是贴敷护肤面膜的大好时机，有助于皮肤吸收面膜中的营养成分，获得理想的护肤效果。

（1）贴敷面膜之前，一定要把白天的妆面卸除干净，否则残余的化妆品会随着面膜的营养成分渗透到皮肤中。

（2）膏状面膜均匀地涂抹在面部，敷完后用温水清洗，再进行补水和保湿。

（3）贴纸面膜打开后直接贴敷在脸上，敷完后揭去，根据面膜的使用说明，用温水清洗面部，或用面巾纸吸去多余的液体，再用保湿乳液涂抹面部。

（4）面膜贴敷时间不宜过长，一般为 10～15 分钟，使用面膜时不可触及眼部。选择面膜时应看清说明，特别是敏感性皮肤者，要注意面膜中的营养成分是否适合自己。另外，面膜不可天天贴敷，根据皮肤情况，每周 2～3 次即可，即使干性皮肤也不可长期连续使用。

4）室内湿度适宜

室内的湿度也会影响皮肤的状态，因为每天都有 8 小时左右的睡眠时间，如果空气过于干燥，皮肤就会流失大量水分，处于失水状态。例如，北方的冬天比较干燥，可以在室内放一盆清水，也可以使用加湿器调节室内的湿度，以维持皮肤正常的含水量。

5）睡前不玩手机

很多人在睡前习惯性地躺在床上玩手机，甚至凌晨一两点才闭上眼睛入睡。这样的不良习惯对皮肤的健康有很大的负面影响。不能保证休息时间，前面的按摩、贴敷面膜等工作极有可能是白费工夫。

6）睡前不想烦心事

躺在床上想白天的烦心事，肯定会影响睡眠，进而影响皮肤的状态和第二天的精气神。开心入睡，轻松睡眠，才能睡得更香，以保持良好的精神状态。

7）不开灯睡觉

开灯睡觉时，灯光直接照射到脸上，打乱了皮肤在夜间的放松状态，影响皮肤对营养物质的吸收，不利于皮肤在夜间的自我修复，会产生光老化现象；另外，一些美白护肤品有吸光性，开灯睡觉不但不能起到美白作用，还很有可能适得其反。

8）睡眠充足

只有保证充足的睡眠，让肌体得到充分休息，让皮肤细胞有调节与修复的时间，才能不影响晚间的护肤效果，造成对皮肤的长期性或重复性损伤。

晚间护肤要点如图 4-5 所示。

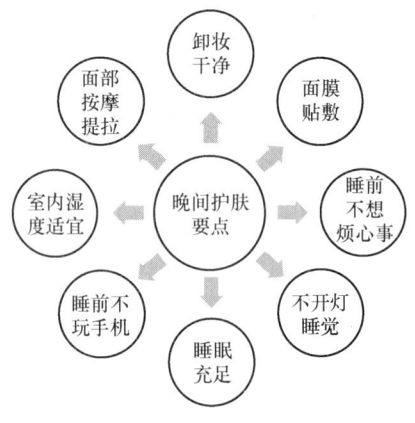

图 4-5　晚间护肤要点

三、女乘务员护肤注意事项

1. 保持好心情

好心情是皮肤健康的良药,因为心情也是对身体的一种心理暗示。愉悦的心情可以调节神经系统、心血管系统的功能,改善内分泌,促进血液循环,强化身体和皮肤的新陈代谢,使面部更加红润、充满光泽,还会增强消化器官的活力,有利于皮肤对营养的吸收。心情好,精神就好,气色也好,更能显出昂扬向上的气质。

2. 善待自己的皮肤

世界卫生组织提出,健康是指一个人生理、心理和在社会中的完好及和谐状态,而一个人的整体健康必定包括皮肤的健康。善待自己的皮肤也是个人保持健康的需要。例如,洗澡不仅能够清洁皮肤,清除汗垢油污,让肌体放松,消除疲劳,还可以舒筋活血,改善睡眠,强化皮肤的代谢功能,柔润皮肤。

3. 多喝水

饮水是美容护肤的可行方法,通过体内补水,进而给皮肤补水。乘务员执行航班任务时要经常和旅客交流,而且客舱内比较干燥,因此一定不能忘记喝水。

4. 补充营养

要经常关心自己皮肤的健康状况,改善饮食结构,克服不良饮食习惯,少吃辛辣刺激性的食物,注意补充膳食纤维;多吃新鲜的蔬菜、水果、豆制品、鱼类等食物。使用合适的护肤产品,全年做好防晒,保证充足的睡眠,维持皮肤的动态平衡。

5. 学会微笑

微笑不仅是人的生理功能,还可以看作一项技能,而且是最具"杀伤力"的交往技能。在对的时间和对的节点,一个迷人的微笑往往可以胜过千言万语。同时,微笑还可以调节紧张的情绪,增加肺活量,疏通经络,令皮肤活跃起来。但微笑不是动不动就捧腹大笑,笑得太过,时间久了,会导致脸上出现皱纹。

6. 避免生气

生气使人的血压升高,血氧饱和度下降,毒素增多,脸上容易长色斑。当自己生气或不开心时,建议面朝窗外做个深呼吸,或者听听节奏舒缓的音乐,想想幽默的故事,逗自己开心,忘却烦恼和忧愁。或者做放松身体的运动,如左右转身、双手平举、转转头颈等,调节身体状态,让自己的好情绪跟着来到。

四、男乘务员护肤注意事项

1. 养成护肤习惯

一般在 30 岁之前,男性的皮肤弹性比较好,但是由于不重视护肤,随着年龄的增长,男性皮肤的弹性、光泽度会明显下降。因为缺少水分及必要的营养补充,男性的皮肤开始变得粗糙,一旦皱纹生成,也会比女性更深,更不易去除。基于空乘职业的特殊性,男乘务员也要养成护肤习惯,以保持良好的形象。

2. 释放心理压力

在社会中,男性往往承受着很大的心理压力,而过重的心理负担和压力会影响皮肤的健康。建议男乘务员适当地给自己解压,多和朋友、家人交谈,不要凡事都闷在心里;也可以听听相声、看看小品,或者了解他人的艰难困苦与成长经历等,让心理压力得到释放。

3. 注意皮肤清洁

男性的皮脂腺更活跃,分泌的皮脂比女性多,导致男性皮肤油性大、毛孔粗,更容易受到环境中污染物的侵入。例如,一些脂溶性的有害物质在皮肤中堆积,会导致皮肤产生炎症,引起痤疮、丘疹、肤色暗沉等,因此需要勤于清洁和护理皮肤。如果皮肤油性过大,则最好选择爽肤型的护肤产品,使皮肤清爽、不油腻。

4. 饮食荤素搭配

对男性来说,增加蛋白质的摄入,能够使肌肉更发达,使皮肤更结实、有弹性,但是蛋白质摄入过多也会让人体器官超负荷运转,加重肠胃的负担,更不利于皮肤细胞的正常代谢。因此饮食应荤素搭配,在吃肉的同时,多吃蔬菜、水果,适当地食用豆制品和蛋、奶制品等。荤素搭配的饮食可以有效地调理肠胃,缩短脂肪在体内停留的时间,从而减少皮脂的分泌量,让皮肤更加滋润,充满活力。

5. 适量运动

各种体育运动能够强身健体,加快皮肤的血液循环,促进皮肤的新陈代谢。通过适量运动,皮肤排汗后,会把毛孔中的污垢一起排出,清除阻碍皮肤呼吸的有害物质。运动后用热水洗澡,清洁皮肤。

6. 做好防晒

许多男性喜爱户外运动,很容易让皮肤暴露在阳光下,受到紫外线的强烈照射,因而做好日常的防晒工作非常重要。男乘务员在执行航班任务或外出时,一定要涂抹防晒产品,如防晒霜、隔离霜,或者有修复作用的防晒乳液等。

7. 多喝水

当体内的水分减少时,皮肤也会跟着缺水,导致皮脂分泌减少,皮肤变得干燥。每天必须保证足够的饮水量,不能等到口干舌燥才想起来喝水,而应养成良好的饮水习惯,可以隔一小时喝一杯水。通常,每天的饮水量要与水分消耗量保持相对平衡。人体每天水分排出量约 2500 毫升,通过食物和体内新陈代谢补充的水分只有 1000 毫升左右,所以每天每个人的饮水量应在 1500 毫升左右,大约 8 杯水。早上起床后空腹喝一杯温水,有利于促进血液循环,使皮肤焕发活力。

8．减少烟酒刺激

远离烟酒、辛辣食物等，不熬夜，让自己在愉快的心情中按时入睡，早睡早起，保持正常的生活规律，这才是皮肤保养的硬道理。

第五节　美白皮肤的措施

1．制作美白面膜

1）水果面膜

原料选取：新鲜水果、鸡蛋清、蜂蜜。制作方法如下。

（1）苹果、香蕉、柠檬等新鲜水果去皮。

（2）机器打汁，或者手工捣汁，倒在干净的容器中。

（3）加入鸡蛋清，滴几滴蜂蜜，混合调匀，搅拌成糊状。

（4）均匀地敷在脸上，停留15～20分钟，再用温水清洗。

总结：原料就地选取，制作简便，实用性强。晚间洁面后，把自制的水果面膜敷于脸上，不仅可以补水保湿，还可以美白祛斑。每周可使用2～3次，如果一次用不完，建议密封后冷藏保存，下次再用，但尽量现做现用，否则功效会下降。

2）牛奶面膜

原料选取：鲜牛奶、蜂蜜。制作方法如下。

（1）在干净的容器中倒入适量鲜牛奶，并滴入两三滴蜂蜜。

（2）取一片压缩面膜纸，浸泡在奶液中。

（3）面膜纸完全浸透后取出（5分钟左右），将面膜纸展开，敷在脸上。

（4）面膜纸半干时揭去，然后用温水清洗。

总结：原料天然，方便实惠，美白祛斑，温和护肤。喝不完的鲜牛奶也可制作此面膜。

3）鸡蛋面膜

原料选取：鸡蛋黄、蜂蜜、面粉。制作方法如下。

（1）将半个鸡蛋黄倒在干净的容器中。

（2）取蜂蜜半匙，加适量面粉，与鸡蛋黄调制均匀。

（3）敷于面部，15～20分钟后用温水清洗。

总结：具有保湿、抗衰、除皱的效果，还能辅助治疗粉刺等皮肤炎症，更适合秋冬季护肤。中干性皮肤者可以直接使用，油性皮肤者使用时建议加入一匙柠檬汁。

4）其他美白面膜

（1）蜂蜜敷脸。蜂蜜富含维生素E，既可内服也可外涂，能够滋养皮肤。可将蜂蜜直接涂抹于面部，或者滴在面霜中使用，也可与面膜一起使用，长期坚持，会使皮肤细腻白皙。特别是天气干燥的秋冬时节，内服与外涂并用，柔润皮肤的效果更好。长期在干燥的客舱环境中工作的空乘人员可以多备一些蜂蜜,有利于保持皮肤柔滑和白皙。

（2）鸡蛋清敷脸。将鸡蛋清涂抹在脸上或涂抹在皱纹处。鸡蛋清可以收缩毛孔、爽肤去油、抚平皱纹,比较适合油性皮肤者使用。中性皮肤者使用时,建议加几滴蜂蜜,保湿效果会更好。晚间护肤时,鸡蛋清敷脸会改善皮肤的柔韧性,让皮肤变得富有弹性和细嫩,且不易过敏。但是干性皮肤者不宜使用。另外,鸡蛋清虽有紧肤作用,但敷脸的时间也不宜过长,15分钟左右即可,并且要注意使用后的面部清洁。

（3）水果或蔬菜敷脸。用西红柿片、柠檬片、黄瓜片等贴敷面部,为面部皮肤提供营养,增强美白效果。

2. 多吃有利于美白皮肤的食物

皮肤的美白保养需要内外营养供给。要吃得好,吃得健康,还要有目的地去吃,才更有利于美白皮肤。下面介绍几种有利于美白皮肤的食物,可以坚持食用。

（1）牛奶。牛奶是最古老的天然饮料之一,富含人体必需的氨基酸、优质脂肪、蛋白质、多种维生素及矿物质,营养丰富、生津润肠、护肤养颜、亮肤健体,令皮肤柔润、白嫩,并有防皱、去皱效果,还可提高睡眠质量,提高大脑的工作效率。

（2）白萝卜。白萝卜中维生素C的含量较高,而维生素C具有抗氧化、抑制皮肤黑色素生成的作用,因此常食白萝卜,皮肤会变得光滑、细腻、白净。

（3）冬瓜。冬瓜含有多种维生素和膳食纤维,以及钙、磷、铁等微量元素,具有消炎、利尿、消肿的功效。冬瓜可以排毒养颜,防止脂肪堆积,有助于美白皮肤、健体减肥,是呵护肌体的营养佳品。除了食用,还可用冬瓜汁擦脸,用冬瓜瓤按摩面部,能够有效去除面部的黄褐斑,美白和柔润皮肤。

（4）海带。海带含有多种营养成分,可以提高人体免疫力、化痰、散结。海带具有碱性食物之冠的美称,可以调节血液酸碱度,清除多余的油脂。海带中的甘露醇能够利尿消肿,延缓衰老。但胃寒者、患肠胃炎者、孕妇等忌用。

（5）豌豆。食用豌豆可以促进皮肤细胞的更新。《本草纲目》记载,豌豆具有"祛除黑斑,令面光泽"的功效,因此常吃豌豆还有消肿、淡化色斑、祛皱的作用。

（6）香蕉。俗话说"积则不通","不通"往往就是面色黯沉无光的原因之一,而香蕉就具有"通"的作用。香蕉可以清热润肠,促进肠胃蠕动,有很好的通便效果,有利于皮肤保养。香蕉还可以促进肌体细胞及组织的生长。

（7）橙子。橙子也是一种非常出色的美白水果,含有有益于人体的琥珀酸、柠檬酸、苹果酸、糖类、果胶、维生素C等,具有疏肝理气、生津止渴、通乳等多种功效,还可以调节人体的新陈代谢。多吃橙子,对黑色素的生成也有抑制作用。

（8）桃子。桃子中含有丰富的铁元素,可补血益气、生津养阴。桃子还具有美容护肤的功效,富含维生素、果酸等,可以改善皮肤弹性,令皮肤更加红润而富有光泽。

（9）柚子。柚子是一种很好的补水、美白水果,营养丰富,有助于皮肤吸收营养,深受人们喜爱。

（10）樱桃。樱桃具有益气养血、健脾温胃的功效。经常食用樱桃，可以养颜美肤、祛皱消斑、改善气色。

（11）红枣。红枣中含有氨基酸及大量维生素，是滋补佳品，可以滋阴补阳、安神养血、美白皮肤。民间自古就有"一日三枣，人生不老"的说法，足见吃枣的好处。

3. 制作有利于美白皮肤的饮品

在日常生活中，我们经常食用的一些水果、蔬菜都可以用来榨汁、煮粥、煲汤、泡茶。下面推荐几款饮品，对皮肤的美白保健很有效。

1）百香果柠檬饮品

原料选取：百香果一个、柠檬一个、蜂蜜适量。制作方法如下。

（1）清洗过的百香果、柠檬待用。

（2）百香果从中间切开，挖出中间的果肉，柠檬切薄片。

（3）在干净的容器中加入适量蜂蜜，将切好的柠檬片、百香果果肉放进去，密封保存。

（4）放置3～5天，在杯中倒入适量的纯净水或凉白开，取一匙做好的百香果柠檬蜂蜜膏加进去，搅拌均匀即可饮用。

总结：这款饮品一年四季都可以饮用，最适合忙碌的人群，做一次可以喝一周，省时省力。夏季可以放在冰箱冰镇一下再饮用，酸甜爽口。

2）玫瑰薄荷饮品

原料选取：鲜薄荷叶2～3片、干玫瑰花苞3～5朵、冰糖适量。制作方法如下。

（1）将事先准备好的薄荷叶、玫瑰花苞用清水冲洗一下。

（2）先把洗好的玫瑰花苞放入杯中，加入适量开水冲泡，再依次放入洗净的薄荷叶、冰糖，待冰糖溶化，水温合适，即可饮用。

总结：这款饮品很适合女士饮用，因为玫瑰花具有活血调经、解郁安神、平衡内分泌、强肝养胃的功效；薄荷又能清心怡神、疏风散热、消火解暑。所以饮用玫瑰薄荷茶，不仅清热通便、解毒败火，还可润泽皮肤、美容养颜。男士消炎去火，可直接泡薄荷叶茶饮用。

3）绿豆百合饮品

原料选取：绿豆、百合、冰糖适量。制作方法如下。

（1）绿豆多些，百合少许，将绿豆泡软，干百合也要泡一泡再用。

（2）将泡好的绿豆和百合混合打碎。

（3）锅中加入适量水，倒入打碎的绿豆和百合，以及适量冰糖，煮开。

（4）捞出成块的绿豆、百合，将锅中的汤盛到干净的容器中，冷却后放在冰箱冰镇，需要时取出饮用。

总结：绿豆具有降血脂、明目润肤、消肿除燥的作用，可治疗与缓解痘、疹、痤疮等面部皮肤问题；而百合具有滋阴养肺、清心安神的功效，可以消痰止咳。绿豆百合饮品很适合夏季饮用，消暑解渴、益气养神、营养丰富。但过敏或寒性体质的人不宜饮用。

4）其他饮品

木瓜牛奶汁、草莓牛奶汁、西瓜汁、葡萄汁、西红柿汁等，富含维生素等营养成分，可以减少皮肤黑色素的生成，有益于皮肤美白。

4．做好晒后修复

晒后修复就是对受损皮肤的一种急救。长时间在户外接触日光，或者没做好防晒，有时面部皮肤会晒得干燥、发红，光泽感全无，这时就要做好晒后修复。

1）使用冷水洗脸

通常，晒后的皮肤容易发热、发红，这时千万不要用热水洗脸，而应用冷水洗脸，给皮肤降温和镇静，如果有条件，也可用湿毛巾包着冰块，给皮肤冰敷，以缓解面部皮肤的燥热和不适。

2）做好补水保湿

一是身体补水，多喝水，给皮肤补充足够的水分；二是皮肤表层补水，使用补水产品；三是贴敷面膜，及时对皮肤进行护理；四是晚间护肤一定要格外细心，用温和的护肤品，不使用带有刺激性的护肤品，以免对皮肤造成二次伤害。

3）补充维生素

多吃维生素含量较高的水果、蔬菜，适当饮用一些果蔬汁；当晒后面部皮肤出现红肿难消的情况时，建议咨询专业医生，并在医生的指导下口服维生素等，促进晒后皮肤的修复；多喝清淡的汤类等饮品，不吃辛辣和油腻食物。

4）静养皮肤

外出活动后，皮肤更需要静养，这是因为皮肤被连续暴晒后极易长色斑，如果不能恰当地休息与调养，就会影响晒后修复的效果。因此，长时间外出时最好随身携带几片清爽的面膜，晚上及时保养皮肤，不要使皮肤产生难以修复的问题。

知识拓展

消除眼袋有妙招

眼袋是眼部皮肤新陈代谢减慢，脂肪堆积所致，一般表现为下眼睑皮肤松弛、堆积，脂肪垂挂，呈袋状。人到了一定的年龄，或者经常熬夜、失眠等，都可能出现不同程度的眼袋。下面介绍几种消除眼袋的妙招。

（1）热敷与按摩。用热毛巾敷在眼部，可以促进血液循环。敷上一段时间，然后轻轻按摩眼部周围。

（2）新鲜黄瓜片敷眼。用新鲜黄瓜片敷眼，可以补充眼部皮肤水分，促进眼部皮肤的新陈代谢，起到改善眼袋、黑眼圈的美容作用。要长期坚持才有效。

（3）饮用菊花茶。菊花茶中含有类黄酮物质，在抗氧化、防衰老等方面很有效。常饮用菊花茶可以缓解眼部疲劳，将菊花茶涂抹在眼部还可消除浮肿，改善眼袋。不过，脾胃虚寒的人不宜多喝。

（4）经常做面膜。补充水分，恢复眼部皮肤活性及弹性。配合眼霜效果更好，并且要养成良好的面部清洁习惯。

（5）其他注意事项。睡前一小时不能多喝水，少吃过咸、过辣的食物；合理安排作息时间，不要熬夜；多吃新鲜的水果和蔬菜；经常远观，缓解眼部疲劳。

第六节 护肤的误区

皮肤条件是化妆的基础，好的皮肤是化出理想妆容的前提，即所谓的"底子好"。对于皮肤的护理与保养，除了前文介绍的具体方法，还要避免走入护肤的误区。

一、带妆睡觉

带妆睡觉对皮肤是有伤害的。如果带妆睡觉，皮肤上残留的化妆品就容易堵塞毛孔，诱发粉刺，还会损伤皮肤，加速皮肤衰老。如果使用的是劣质的化妆品，皮肤就更容易受到伤害。

如果长期不卸妆，就会使皮肤变得粗糙、暗黄，并使毛孔变大。在脸上积累了一天的灰尘、污染物等也会侵入毛孔，导致毛孔越来越大，皮肤也会变得越来越粗糙。因此，晚上睡觉前一定要卸妆，而且要将化妆品彻底卸干净，以免化妆品残留，损害皮肤。

二、清洁不到位

1. 卸妆

无论是化妆品，还是防晒、隔离等产品，都是要卸的。切记，卸妆后再使用洗面奶。冷水洁面能收敛毛孔，热水洁面能打开毛孔，但二者交替则刺激性太强，非常容易导致皮肤敏感，因此不建议用冷热水交替洁面。

2. 洁面

很多人怕脸洗不干净，因此洗脸时一直使劲地搓揉，并且经常借助洁面仪来做清洁，但长此以往就导致过度清洁，对皮肤造成新的伤害。正确的做法是轻、快、柔，尽量缩短洗面奶接触皮肤的时间，用手打圈轻轻揉按。

三、过度清洁

清洁产品在去除脏污的同时，也会带走皮肤表层正常的油脂，而皮肤需要一定的油脂才能维持水油平衡。如果清洁去油太过，皮肤就会发干，所以不能过度清洁。严格来说，应该是不要过度去油。过度清洁会损伤皮肤屏障，当损伤速度大于修复速度时，皮肤就会出现干燥、敏感、脱屑、免疫力下降、菌群失衡等各种不正常现象。

表皮层中的角质细胞和填充在角质细胞间隙中的脂质紧密结合，限制水分在细胞内外及细胞间流动，阻止真皮营养物质、保湿因子、水分散失，使角质层含水量保持在20%左右，对皮肤起到滋润保湿作用。其中，脂肪酸、胆固醇、神经酰胺及磷脂、角鲨烯这些成分发挥着重要的作用。皮肤清洁产品多半由表面活性剂构成，而表面活性剂能有效清除皮脂，同时会带走一部分老化角质及细胞间质。细胞间质的过度流失会削弱皮肤屏障，导致皮肤干燥、过敏。因此应选择清洁力适当的产品，针对皮肤类型选择清洁产品，而非只关注强效清洁。

四、护肤方法有误

（1）误区一：护肤水用手拍到脸上。过分拍打会损伤角质层，手上的细菌也会影响护肤效果。正确的做法应该是用化妆棉蘸取护肤水，然后按照由内而外、由上而下的方向轻按面部和脖颈。

（2）误区二：涂眼霜时横向来回涂抹推开。涂眼霜时横向推开会增加摩擦力，更容易使眼部皮肤出现细纹。正确做法是弹钢琴式指腹点按法，用无名指指腹蘸取少量眼霜，绿豆大小即可，轻点在内眼角、下眼睑、外眼角和上眼角处，再以点按式的手法点按于眼周，然后用打圈的方式轻轻按摩三圈。最后可以搓热双手，用手心包裹整个眼部，促进眼霜吸收。

（3）误区三：精华液直接涂到脸上。精华液直接涂到脸上会影响精华液活性成分的效果。正确的做法是取适量的精华液于掌心，双手搓热后由面部从下向上涂抹，再用手心轻轻按摩至吸收。

（4）误区四：面霜直接大面积涂抹。很多人用面霜都是一次性取出一大颗，再慢慢推开，但这样做不利于面霜的吸收。正确的做法是分步涂抹，将面霜分别点在额头、鼻尖、脸颊和下巴处，再打圈按摩至覆盖全脸。

（5）误区五：防晒霜直接推开。防晒霜使用太多、太厚重，不仅会使防晒效果大打折扣，还容易造成毛孔堵塞。正确的做法是取一枚硬币大小的量，再以点拍的方式一点点打散，这样涂抹才会均匀。

（6）误区六：喷雾随便喷。正确的做法是一喷、二压、三擦。喷的时候稍稍仰头，喷雾距离面部15厘米左右最佳，然后以双手按压促进吸收，可以用指腹轻按全脸。如果脸上还有残留的水珠没有吸收，则要用化妆棉轻轻擦去，不要等自然风干，否则会带走皮肤中的水分。

（7）误区七：面部喷香水。香水一般不应喷在外露皮肤上，因为它会明显加速皮肤衰老，对皮肤产生较大的刺激。一些香水受到紫外线照射还会起化学变化，引起皮肤炎症，因此要特别注意。

五、护肤步骤不妥

皮肤结构决定了基础护肤的四大步骤：清洁、补水、保湿和防晒，这四大步骤不可颠倒和省略。

首先，通过清洁去除皮肤表面的油脂、灰尘、老化脱落的角质和化妆品残留。只有先清洁，才能为后面的步骤打好基础。

其次，补水这一步对皮肤特别重要。使用含保湿成分的润肤水，可以加强皮肤角质层的水合作用，有效地调节皮肤 pH 值，更有利于保持皮肤光洁，便于设计妆容。

再次，把水补进去了，还要留得住。这时要使用的是保湿霜或保湿乳，为皮肤添加一定的水分和脂质成分，修复受损的皮肤屏障，减少皮肤的水分流失。

最后，防晒不可忽视。除了自然衰老，皮肤最大的衰老诱因就是日晒，因此这一步必不可少。

（本章图 4-1 由广东肇庆航空职业学院提供。）

本章实操

1．掌握早间、日间和晚间护肤的方法，做好面部按摩提拉。
2．动手制作几款美白面膜，以及养颜饮品。

思考练习题

1．怎样做好皮肤的内外部营养补充？
2．对于护肤要"持之以恒"，你是如何理解的？
3．你对空乘人员皮肤保养有何体会？
4．请谈谈皮肤健康与空乘妆容设计之间的关系。

第五章

空乘妆容设计与化妆

章前提要

随着生活品质的提升，人们对仪容仪表越来越在意，而化妆无疑是最好的美颜方式。无论是取悦自己，还是体现个人在外表上的竞争力，化妆都已经成为现代人的一项必不可少的技能。化妆对空乘人员来说，也是每天必须完成的工作。职业妆容的设计不能过浓或过淡，如果个人形象与航空公司的形象标准差距较大，就不能达到航空公司的上岗要求。因此，空乘学员有必要了解航空公司的妆容形象要求，按照岗位规范设计妆容，以尽量满足用人单位的要求，为日后的求职就业打好基础。

本章介绍了化妆的基本知识、妆容设计的原则与方法、空乘人员化妆的技巧等内容，并配合实操演练，让空乘学员了解民航窗口服务形象的重要性，确定适合自己的妆容风格，掌握本行业的化妆技巧。

学习目标

1. 熟悉常用化妆工具的类型及使用方法。
2. 了解化妆品的类型及选用方法。
3. 理解妆容设计的原则与方法。
4. 掌握空乘人员化妆的技巧，做好实操演练。

第一节 常用化妆工具

在了解皮肤和做好护肤的基础上，还要选择和使用正确的化妆工具、化妆品，这是化妆基础程序开始前的准备工作。本节针对空乘学员必须了解和掌握的化妆基础知识，介绍了常用的底妆、眼妆、唇妆等工具。

一、底妆工具

底妆工具通常有海绵、粉扑、粉底刷，粉扑又包括美妆蛋、圆形粉扑及气垫粉扑等，在性能上各有优缺点，下面分别介绍。

1. 海绵

海绵主要用来上粉底，一般有圆形、三角形和圆柱（圆锥）形。圆形海绵的特点是质地稍硬，面积大，适合在额头和两颊的位置大面积打底。在上粉底时，使用不同形状的海绵打底，可以使底妆更加细致。

2. 粉扑

粉扑主要用来上定妆粉，常用的有圆形粉扑。圆形粉扑也有很多种，并有大小的区分。大粉扑适合大面积使用，小粉扑适合局部补妆。美妆蛋的外形如同鸡蛋，因此被称为美妆蛋。美妆蛋质感柔软，形状恢复较快，可以让粉底液更加服帖，使底妆更加完美，很适合初学化妆者使用。

3. 粉底刷

粉底刷有斜角和扁平两种，刷毛顶部呈半圆形。斜角刷适用于面部"T"区和颧骨部位的修饰，也叫面部轮廓刷。大粉底刷可以用于大面积上色和刷去多余的妆粉。

常用的底妆工具如图 5-1 所示。

美妆蛋　　　　　　圆形粉扑　　　　　　粉底刷

图 5-1　常用的底妆工具

二、眉妆工具

1. 镊子

镊子的作用是拔去眉毛的多余部分，达到修整眉形的目的。通过拔的形式，杂乱眉毛再次生长出来会比较缓慢，眉形保持的时间相对较长。

2. 修眉刀

修眉刀用来去除多余的杂乱眉毛。对眉毛生长迅速又需要大面积去除的人来说，刮眉刀能在不破坏原有眉型的基础上对杂乱眉毛进行修整，安全又快速。

3. 修眉剪

修眉剪用来修剪多余或过长的眉毛，在剪去多余眉毛的同时，更加自如地修整眉毛的形状。

4. 眉刷

眉刷大部分是由尼龙或人造纤维制成的斜刷头硬刷。修眉及画眉前可用眉刷将眉毛扫整齐，画眉后用眉刷顺着眉毛生长的方向轻扫，可使眉色自然，眉形整齐。

5. 眉粉刷

眉粉刷的刷头通常是倾斜、扁平的。它除了可以蘸取眉粉，画出清晰的眉形，也可以充当画眼线的工具。

三、眼妆工具

1. 睫毛夹

使用睫毛夹，能使睫毛变得卷翘。如果睫毛不易定型，则可以使用电睫毛夹。

2. 眼影刷

眼影刷一般是扁身圆头刷，有大、中、小之分。大的通常用来涂底色，能一次均匀涂上颜色，覆盖整个眼窝位置；中等的用来小块上色；小的可以仔细描画，用来画眼线更准确。眼影刷比较适合粉质眼影。

3. 眼影棒

眼影棒类似于棉棒，用来局部上色和晕染多色眼影，可以使眼妆自然。眼影棒可以用于啫喱状和霜状眼影。椭圆头眼影棒适合大面积上色、推匀，尖头眼影棒适合小面积描画。

4. 眼线刷

眼线刷的外形与唇刷有点相似，但刷头更为纤巧，毛质也较软，适用于眼线液。

5. 假睫毛

在现实生活中，戴假睫毛的人并不多。但当需要改善眼部的妆容效果，如参加聚会或拍写真照时，常使用假睫毛。现在市面上有各种彩色的假睫毛，非常炫目。

6. 睫毛刷

这种工具的外形就像一把小梳子，类似于睫毛膏的刷头，呈螺旋状。涂上睫毛膏后用它刷开粘在一起的睫毛膏，可让睫毛看起来更整齐。市面上常见的睫毛刷多为睫毛、眉毛两用型，使用十分方便。

部分眉妆和眼妆工具如图 5-2 所示。

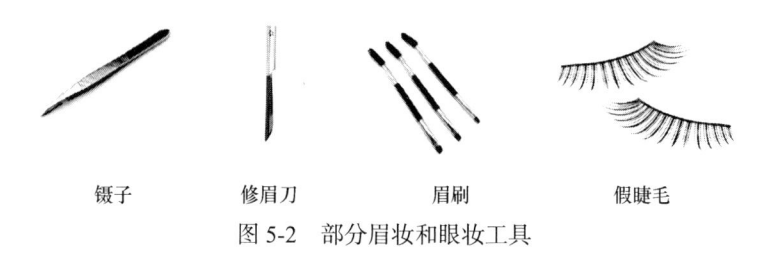

镊子　　修眉刀　　眉刷　　假睫毛

图 5-2　部分眉妆和眼妆工具

四、唇妆工具

唇妆工具一般指唇刷，如图 5-3 所示。唇刷毛质较硬，更容易控制落刷点。无论是使用唇膏还是唇彩，唇刷都能画出细致的线条，修饰唇形。个人化妆时，可以试着使用唇刷，也可以在唇部来点彩绘，在不同的场合营造不同的感觉。

五、面部化妆工具

图 5-3　唇刷

1. 蜜粉刷

蜜粉刷常用来蘸上蜜粉对面部进行定妆，把蜜粉均匀地刷在脸上，比使用粉扑定妆更加自然及柔和一些。也可用其刷去面部多余的蜜粉，使妆面更加协调与柔和。

2. 散粉刷

散粉刷可以用来蘸取散粉定妆，能够自然、均匀地把散粉刷在面部。蜜粉刷和散粉刷的区别不大，两者可以相互替代使用，刷出轻柔如薄雾的妆面。

3. 腮红刷

腮红刷是指比蜜粉刷稍小的扁平刷子，刷毛顶部呈半圆形。将腮红刷蘸取腮红粉，轻轻甩掉多余粉屑，再上妆。如果感觉颜色不够，则可以慢慢地添补，刷出自然的效果。

工欲善其事，必先利其器。想完成一个比较出色的妆容，首先要充分了解并选好化妆工具，其次要利用好自己手中的化妆工具。在购买化妆工具时，要注意其质量。在化妆时，还要根据不同部位的化妆需求，正确地使用每个化妆工具，并做好清洁与收存，以便再次使用，并延长化妆工具的使用寿命。

第二节　化妆品的类型及选用方法

化妆品的作用就是保养、修饰、美化人们的容颜，使人们保持良好、优雅的形象，常用于生活、学习和工作等各种场合。严格地说，化妆品不是纯粹的化学制品，而且种类很多，因此很难科学、系统地对其进行分类。目前国际上对化妆品尚没有统一的分类方法，各国的分类方法也各有差异，最常见的分类方法一般是按照化妆品的使用部位划分。

一、化妆品的基本类型

1. 底妆产品

1）粉底

粉底包括粉底液、粉底膏、BB 霜等，用来调整肤色、改善面部质感，还能够遮盖一些细微的瑕疵。粉底标注的号码越大，其颜色就越深，因此在使用时要注意，应选择与肤色接近的粉底，粉底与肤色的差异不能过大。

2）修容粉

修容粉可以修饰脸型，增加面部的立体感，一般涂抹在鼻部两侧、额头两侧、颧骨下方，以及下巴处的脸骨部位。

3）高光产品

高光产品是用来修容的，对局部肤色进行修饰，能使面部看上去更有立体感。高光产品通常涂抹在鼻梁中间、额头中间、颧骨上方和下巴中间，包括液状、粉状和膏状产品。

4）提亮产品

提亮产品包括提亮液和提亮笔，提亮液涂抹在面部"T"区和"C"区（"T"区指两侧眉毛上方水平线与鼻梁位置；"C"区指从眉尾处到太阳穴及颧骨位置），用来增强五官的立体感。提亮产品也可以在粉底之后当作高光产品使用。

5）遮瑕产品

顾名思义，遮瑕产品的作用就是遮盖面部瑕疵，如对面部的细小雀斑、痘印、黑眼圈等瑕疵进行遮盖。遮瑕产品包括遮瑕笔和遮瑕膏。

6）隔离霜

隔离霜主要用于隔离环境中的紫外线、灰尘等易使皮肤受损的污染物，一般兼具防晒的作用。隔离霜除了具有隔离和防晒的效果，还可以修饰肤色，营养并滋润皮肤，是必不可少的护肤产品。

7）防晒霜

防晒霜主要用于防止皮肤被晒黑或灼伤，对抗皮肤光老化现象。防晒霜又分为物理防晒霜和化学防晒霜两种。物理防晒霜更适合干性与敏感性皮肤，而化学防晒霜的肤感更好。

2. 眉妆及眼妆产品

1）眉笔

眉笔就是修眉用的化妆品，一般包括铅笔式和推管式等。眉笔的优点是使用方便，可以勾勒眉形，修饰眉毛的浓淡。

2）眉粉

眉粉有非常自然的效果，上色持久且用途多样，可在使用眉笔后固定眉妆。

3）染眉膏

染眉膏是用眉刷上妆的膏状产品，上色效果好，遮盖力强。染眉膏可以快速为眉毛上色和定型，达到平顺眉毛、增强眉毛立体感的目的。

4）眼影产品

眼影产品最主要的功能就是赋予眼部妆容立体感，通过眼影色彩的张力，让整个脸庞明媚动人。市面上的眼影产品丰富多彩，包括粉状、膏状、乳液状眼影等。

5）眼线产品

在妆容设计中，描画眼线是必不可少的重要步骤，其作用是让眼睛看上去大而有神。

眼线产品包括眼线笔、眼线液、眼线膏等，常用的是眼线液和眼线膏。

6）睫毛膏

睫毛膏分为乳状膏体和粉状膏体。把睫毛膏刷在睫毛上，可以使睫毛显得浓密、纤长和卷翘，美化眼部妆容，让眼部更有神韵。

7）假睫毛

假睫毛分为上睫毛和下睫毛，既是化妆工具，也是美化眼部妆容的一种眼妆产品。戴上假睫毛，会使眼部更加灵动，看起来楚楚动人。

3. 唇妆及定妆产品

1）润唇产品

常见的润唇产品包括润唇膏、唇部精华等，可以有效地滋润唇部，抚平唇纹。在涂抹口红之前，使用润唇产品对唇部进行必要的呵护，减少口红对唇部的刺激，并使口红的效果更好。

2）唇线笔

唇线笔用于修饰唇部轮廓，画唇线能让唇部轮廓更清晰，不过使用的人不多。

3）口红

口红包括唇膏、唇彩和唇釉等，是唇部化妆品的总称。口红能增加唇部的亮度、滋润度和光泽感，修饰与保护唇部，提升面部妆容的视觉效果。

4）腮红

腮红是修饰脸型、美化肤色的化妆品，会使面颊显得健康、红润。如果说眼妆产品是面部彩妆的焦点，口红是化妆包里不可或缺的要件，腮红就是协调妆面和提升妆容效果的最佳帮手。

5）粉饼

粉饼一般在粉底液或 BB 霜之后，眉妆、眼妆、唇妆之前使用，也可在补妆时，在妆容的不均匀部位或脱妆部位使用。用海绵轻轻少量蘸取粉饼，多次涂抹，按照从下到上、从内到外的顺序，依次从"U"区到"T"区涂抹，然后是眼周、鼻及嘴唇部位。粉饼携带方便，可以随时使用。

6）散粉和蜜粉

用蜜粉刷或散粉刷以画圈手法，依顺序刷在额头、鼻梁、双颊及下巴，避开眉毛，并在发际线扫刷均匀。刷上散粉或蜜粉是面部化妆的最后一步，在定妆程序中，面部刷上散粉或蜜粉，更有利于吸收面部多余的油脂，不易脱妆，令妆面更持久。散粉和蜜粉还可以调整肤色、柔滑皮肤，使妆面更加光洁。

4. 其他产品

其他产品还包括清洁类产品，如洁面乳、洗面奶、清洁面膜、去死皮膏等；护理类产品，如雪花膏、冷霜、乳液、防裂膏、化妆水、面膜、面霜等，此处不一一列举。

二、化妆品的选用方法

在日常生活中,人们对化妆品的选择和使用,大多是根据个人的实际情况,针对不同部位的清洁护理、滋润保养、美白修饰,以及化妆的实用功效等进行的。生产厂家则根据皮肤类型研发、销售产品,使不同的消费群体能够选择与使用合适的化妆品。下面根据皮肤的各种类型,阐述部分常用化妆品的选用方法,以更好地保养皮肤、设计妆容。

1. 底妆产品的选用方法

1)判断皮肤类型

不清楚自己的皮肤类型,就很难选用合适的化妆品。下面介绍一个判断皮肤类型的简便方法。洗脸1小时后,如果皮肤依然干燥、紧绷,基本上就是干性皮肤;如果皮肤表面泛油,开始变得油腻,就是油性皮肤;如果无明显不适,就是中性皮肤;如果额头、鼻部及鼻周、下颌出油旺盛,而两颊皮肤为中性或干性,就是混合性皮肤。还可根据皮肤的敏感程度判断是否属于敏感性皮肤,如果有易受刺激、易出现红肿等现象,就要小心呵护,避免化妆品的过度刺激。

对面部油渍的拭擦也可以判断皮肤类型:将面巾纸剪成大小为1厘米×5厘米的5小片,早晨起床后,平整地贴于额头、面颊及鼻翼两侧,2分钟后取下,观察纸片上的油渍情况。一般每平方厘米的油渍点在2~5处,为中性皮肤;油渍点少于2处,为干性皮肤;油渍点在5处以上,为油性皮肤。

2)不同皮肤类型对化妆品的选用

(1)中性皮肤。一般来说,中性皮肤对化妆品的适应性很好,可选的范围较广,这样的肤质比较理想。应选用一些含有滋润成分、颜色偏淡的隔离霜,尽量不要选用有过多修容成分的隔离霜,因为这样的隔离霜会改变粉底的颜色,使妆面达不到预期的效果。

(2)油性皮肤。有些油性皮肤的人认为自己的皮肤易出油,不敢用粉底液,而直接涂抹散粉或粉饼。其实不然,油性皮肤可以选用一些透气性好、轻薄及控油的隔离产品、粉底液等。因为现代的化妆品种类丰富,有适合不同肤质的产品,所以无论哪种肤质都可找到适合自己的化妆品。

(3)干性皮肤。干性皮肤的人在清洁护肤之后,应挑选保湿度、滋润性较高且易于推开的隔离霜,涂抹于整个面部。最好选择接近无色的隔离霜,尽量不要有过多修容成分。要在化妆品专柜挑选含有保湿精华成分的滋养水润的粉底液,这样的产品保湿时间更长。一定要选用粉质细腻而柔滑的粉饼。

(4)敏感性皮肤。敏感性皮肤的人要格外关注日常护理,在选择护肤品时应更加用心,因为这样的肤质极易过敏,从而发生皮炎,如皮肤瘙痒、红肿、长痘等。在选择化妆品时,首要的条件就是亲肤而不刺激,应尽量选用天然植物成分较多、无香精的化妆品。建议咨询化妆品专柜,选择合适的产品。

除了肤质与化妆品的匹配，还可根据不同的肤色选择化妆品。在选择化妆品时，除了做好专业咨询，了解其品种、色号与自身肤质的匹配程度，还应在选购前进行试用。最好在面部试用，而非只在手上试用。

3）修容粉

所谓修容，其实就是修饰面部的妆容轮廓，修容粉的调和可以让面部产生立体感。修容粉多为棕色或咖啡色。阴影粉也有修容作用。修容粉适用于小面积的修容处理，阴影粉适用于大面积的修容处理，如鼻侧、腮部等。阴影粉更适用于舞台妆，以及新奇的梦幻妆等，而修容粉多用于生活妆。使用修容粉时，用粉刷扫在面部凹陷部位，如鼻梁两侧、额头两边、颧骨下方。用细毛的小刷子蘸上浅色的修容粉，刷在窄小、不够突出的部位，会使脸庞在瞬间变得明亮。

4）高光/提亮产品

提亮液可以混合在粉底中一起使用，也可在上完底妆后取少许涂抹于面部；膏状的提亮膏、高光笔等产品，可用于卧蚕处、眼头处、鼻梁处和眉骨处等；粉状产品，如高光粉，粉质细腻，莹润效果好，可在整个化妆过程的最后涂抹于额头、眉心及鼻梁处，以及苹果肌处、外眼角半圈处。提亮与阴影的作用正好相反，但都是为了提升妆容效果而使用的。

2．眉妆产品的选用方法

1）眉笔

眉笔是常用的眉妆产品，一般比其他眉妆产品更易于操作。眉笔的颜色包括黑色、灰色、灰棕色、深咖啡色、浅棕色等。通常眉笔的颜色应与头发的颜色相近。

在使用眉笔时，要注意以下几方面。

（1）黑色眉笔比较适合男性使用。

（2）深咖啡色眉笔适合男性和女性使用。

（3）灰色眉笔不适合肤色偏黄、偏暗的女性使用。

（4）灰棕色眉笔比较适合眉毛稀少及皮肤白皙的女性使用。

（5）浅棕色眉笔适合染了亚麻色或偏浅发色的男性和女性使用。

2）染眉膏

染眉膏有多种颜色可供选用。眉毛颜色过淡的人可以选择深咖啡色染眉膏；眉毛颜色过深的人则可以选择浅棕色染眉膏进行修饰。染眉膏包括亚光和光泽两种质地，使用亚光染眉膏会让眉毛更加自然和立体。但要注意的是，染眉膏应一点点地涂抹于眉毛表面，不可一次涂抹过多，动作要轻柔，顺着眉毛生长的方向涂抹。

3．眼妆产品的选用方法

1）眼影产品

一般化妆品专柜出售的眼影都是事先搭配好的眼影套装盘，包括数格同色系的眼影产品，如全亚光眼影盘、全珠光眼影盘及两者组合而成的眼影盘等。

在使用眼影时，要注意如下事项。

（1）亚光眼影比较适合白皙的皮肤。

（2）珠光眼影有些夸张效果，使用不当会显得眼睛浮肿。

（3）亚光、珠光眼影明暗结合，有立体、深邃的效果，这种组合的眼影盘比较实用。

（4）在选择眼影时，要注意粉质是否细腻，避免在使用时产生掉粉或晕染，影响眼妆的效果。

（5）在涂抹眼影时，要分次、少量蘸取，轻触一下即可，做到精准、细腻，不浪费、不失真。

2）眼线产品

（1）眼线液。眼线液线条感比较好，不易晕妆，但由于是液体状的，对初学者来说有一定的难度。

（2）眼线笔。眼线笔属于比较传统的眼妆产品，操作简便，很适合初学者使用，但线条粗细不易掌握，容易造成晕妆及脱妆，不小心就会出现"熊猫眼"。

（3）眼线膏。眼线膏是被美容界人士推崇的一种眼线产品，色彩种类多，比较明艳，线条粗细较易掌握，配合眼线刷使用，初学者容易上手，并且妆容持久。

把以上三款眼线产品结合起来使用，效果更佳。例如，眼线笔用来描画内眼线，即上睫毛根部靠下的部分；眼线膏可以变换线条的粗细，塑形效果好；眼线液可用来填补眼线空隙，也可在贴完假睫毛后，在其根部容易漏胶的地方补上眼线液，完善妆容。

3）睫毛膏

睫毛膏的主要作用就是使睫毛更加浓密和卷翘，增添眼部的神韵。一定要选用定型效果好的睫毛膏，这样才能保证被夹卷了的睫毛不会因为涂上了一层睫毛膏而下垂。在涂抹睫毛膏时，应注意一定要从睫毛根部"Z"形慢慢地往上涂抹，要打造睫毛的自然状态，不能让睫毛膏堆积。

4．唇妆及定妆产品的选用方法

1）唇妆产品的选用方法

在选用唇妆产品时，不仅要关注色彩效果，也要关注唇妆产品的成分，敏感性皮肤的人尤其应关注成分。唇部比较干燥的人要关注滋润效果。唇彩会使唇部滋润而有立体感。唇釉能防止晕染，唇妆的持久度更好，有一定的色彩饱和度。唇釉分为亚光质地和珠光质地，是最受消费者喜爱的唇妆产品。唇膏、唇彩、唇釉的区别是：唇膏是固体；唇彩主要是液体；唇釉是更浓稠的液体。

初学化妆者可以在上唇色之前，挑选一支颜色相同的唇线笔，勾画出唇部轮廓后，再涂抹口红等唇妆产品。这样可以保证唇型的整齐和对称，避免唇色溢出，让唇妆看起来更立体、丰泽、更有美感。但如果不想突出唇形，手法娴熟后，也可以不用画唇线。

要使用好唇妆产品，还应关注以下几个方面。

（1）在使用唇妆产品之前，要先把唇部清洗干净，涂上一层润唇膏或防裂膏，这不仅能起到护唇防裂的作用，而且能令上妆更容易。

（2）先画上唇，再画下唇。画上唇时要闭上嘴，从中间向两边涂画，画下唇时则从两边向中间涂画。

（3）使用液状的唇妆产品时，待嘴唇全部涂满后，可以用柔软的面巾纸轻压双唇，去除多余油脂。轻压时，注意略张双唇，以免破坏唇型。

（4）在唇部中央涂上亮光唇膏，可以提升唇部的丰满度。

2）腮红的选用方法

腮红的效果是十分明显的，会使面颊更加健康、红润。涂抹腮红应在上好底妆之后进行。最好选用粉状的腮红，上妆更方便。一般涂抹腮红时，应从耳前向鼻翼刷过颧骨最高处。粉色的腮红会让面部皮肤更有质感，呈现出自然、健康的美态。

总之，在选用化妆品时，一是培养专业的化妆意识，适合自己皮肤特质的才是最好的，不能一味追求品牌；二是走出"高大上"的误区，当然也不能只选便宜的；三是不要盲目跟风，或者人云亦云，应建立自己的专业化妆理念。

三、选择可随身携带的化妆品

由于乘务员工作环境的特殊性，以及对安全因素的考虑，乘务员可随身携带的化妆品容量不允许超过 100ml。在长时间飞行中，面对温度、辐射和机内密封增压等客舱环境条件，乘务员除了携带必备的化妆品以随时补妆，还需要携带保湿、护肤的产品。化妆品应尽量选择防晒指数高的隔离霜、遮瑕气垫、散粉、粉饼、口红等适合个人肤质的产品，保湿、护肤产品应选择保湿喷雾、面膜、润唇膏等，并保持妆容的完整性。

四、男乘务员常用的化妆品

不仅女乘务员要保持良好的职业形象，注重妆容的美丽，以符合航空公司的管理要求，男乘务员同样要注重形象的美化，选用合适的化妆品，进行个人妆容的设计，提升气质。男乘务员常用的化妆品有如下几种。

（1）防晒霜/隔离霜。主要用作妆前乳。

（2）粉底液/BB霜。不要太白，主要用于遮瑕。如果是干性皮肤，则一定要选用滋润型，以满足皮肤的润泽需要。

（3）眉笔。只要眉毛画好了，整个人就显得很有精神，彰显朝气。

（4）润唇膏。可适当地涂抹无色或肉色的润唇膏，使得唇部更有光泽、更饱满。

（5）散粉。定妆也很重要，要保持妆面整洁，不易脱妆。

第三节　妆容设计的原则与方法

一、妆容设计的原则

妆容也指面容，但妆容不等于面容本身。空乘妆容设计不仅涉及化妆的技术，也不仅涉及对时尚美的追求与拥有，实际上还是职场中的一门形象艺术，或者进一步说，是一种职业态度及职业追求。空乘妆容设计既要体现整体形象的和谐统一（这也是妆容设计应遵循的重要原则），也要体现健康的形象、优雅的仪态、亲和的服务精神及气质风貌，这些对空乘人员来说都是至关重要的。

1. 色调、线条一致

化妆时所用化妆品的颜色要尽可能地贴合自身的肤色，避免与肤色相差过大。空乘人员的妆色应以暖色调为主，显得肤色健康和明快。此外，在妆容色调上也要保持一致，如口红和眼影的色彩要呼应。不同部位的线条也要保持一致。例如，眉毛、眼线、唇线等都表现得简约、利落、清爽，会给人留下理智干练的形象。如果所有线条都表现得柔和，会给人以亲和力强的感觉。色调、线条不一致的妆容，不仅增加不了美感，还可能使面部看起来不够整洁。

2. 妆容与制服色彩和风格一致

在选择面部妆容的色彩搭配时，应该与制服、首饰等整体考虑，这样才能相得益彰。例如，身着黑、灰、银灰、中灰、铁灰等色系的冷色调制服，适合选择冷色调的妆容，切忌用过分艳丽的桃红色唇膏、亮色眼影等；身着白色套装且肤色较白者，适合选择暖色调的妆容，眉毛不宜太细、太浅，眼影可用灰色、浅棕色，可只涂颜色浅淡的唇膏；身着色彩较多或款式较复杂的制服，就要尽量少用或不用腮红，眼影则可适当加深些。

一般来说，应先确定服饰，再着手化妆。如果先化妆再选择服饰，则不仅容易因服饰的脱换而使精心化好的妆容遭到破坏，而且一旦选定的服饰与妆容不协调，唯一的选择只能是洗去妆容，从头开始。这样做不仅费力，而且费时。因此，要养成"先定装，后化妆"的良好习惯。

3. 妆容与工作环境一致

工作环境是指妆容设计对应的工作场所，也是职业妆容设计效果的背景条件。不同的工作环境有着不同的色泽、线条和社交氛围。以空乘工作环境——飞机上为例，密闭的空间、密封增压的环境，机上灯光不是特别明亮，跟旅客的交流都是近距离的。在这样的场所中，加上身份的要求，妆容不宜过浓，要突出空乘人员的高雅形象，妆容的重点应该放在眼部、肤色和唇部，关注这些部位妆容的协调与雅致。

二、化妆流程及妆容设计的方法

初学化妆者可能觉得无从下手，其实不必把化妆看得过于复杂，造成心理上的负担。首先要了解五官结构、皮肤性质、妆容设计原则；其次要了解妆容设计的基本流程，掌握每个部位的设计方法，完成整个面部妆容的设计，获得协调一致的妆容效果及匀称的妆面美感。图 5-4 展示了空乘职业妆容的例子。

图 5-4　空乘职业妆容

1．化妆的基本流程

基础护肤：洁面→补水→保湿→隔离/防晒。

底妆：粉底→遮瑕→高光/提亮→修容。

妆面：眉妆→眼妆→唇妆→腮红→定妆。

2．妆容设计的方法

1）底妆设计方法

底妆像盖房子的地基一样重要，是整个妆容的基础。化好底妆，即使彩妆不太精致，也能保证妆容的完整性；反之，化不好底妆，彩妆再精致，也难有完整的妆容。据调查，超 8%的女性在化底妆的时候都只遵循一个要求，就是把皮肤变白。其实底妆的意义不是把皮肤变白，而是让肤色更均匀，线条看起来更流畅。粉底用来调匀肤色，遮瑕膏用来遮盖瑕疵，要掌握它们的使用技巧，提升面部美感。这样会使整个人看起来更有精气神，也让面部更加饱满，充满阳光和活力，更有青春感。图 5-5 为底妆产品涂抹手法。

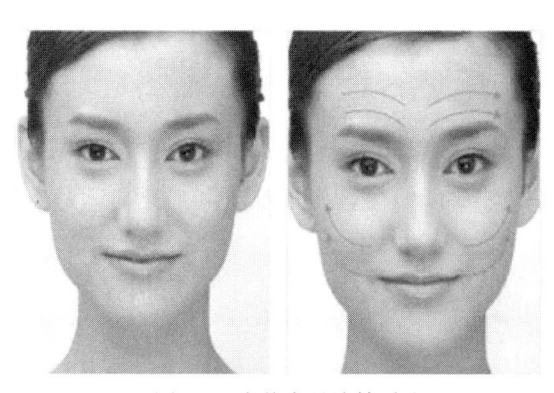

图 5-5　底妆产品涂抹手法

关于底妆的设计方法，最主要的是在选择底妆产品时考虑粉底、BB 霜的使用。

第一，脸上没有过多的瑕疵，如痘痘、色斑、痘坑、痘印等，只需要调节肤色和修饰毛孔，那么用 BB 霜就足够了。

第二，通常粉底的遮盖力更强，色号更多，也更能满足精确调节肤色的需求。粉底应根据个人的肤质特点，选择质感较好的粉底液、粉底霜，最好是接近肤色的色号。

第三，假如面部有色斑、痘印和粉刺等，可在上粉底之前用遮瑕膏给予适当修饰。

第四，对于肤色偏白或偏黄者，还要在粉底外再扑上粉色或粉紫色的蜜粉，显得白里透红。

第五，肤色偏黑者，最好不要选用颜色较白的粉底，因为这样看起来很不自然。

还需要注意的是，在使用粉底液时，不要一下子挤出太多，应该一点点均匀、轻薄地涂抹于面部。

2）眉妆设计方法

人的五官，每部分都不是单独存在的，眉毛也一样，它的设计必须配合五官的生长特点，与之相协调。眉毛占整张脸的比例并不大，但是眉毛在很大程度上影响一个人的神态和气质。如果面部留白过多，就会让人感觉眼神涣散，略显疲态。加深眉毛的颜色，增加眉毛的宽度，增强眉毛的毛流感，使上庭的存在感增加，五官马上就变得和谐了。下面参照图5-6，介绍六种不同眉形的设计方法。

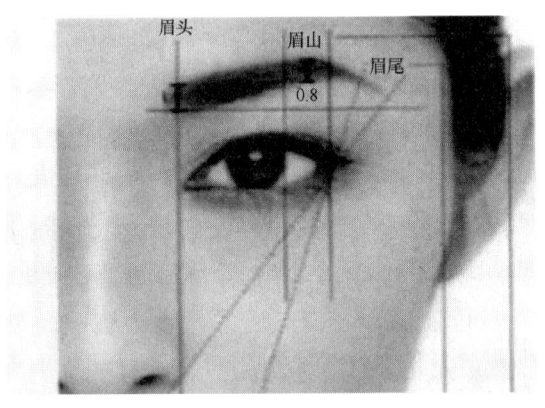

图 5-6　眉妆设计方法

（1）向心眉。两眉头距离过近，间距不到一只眼睛的长度。眉头过近使人显得紧张、不愉快，五官紧凑、不舒展。设计方法：除去眉头过近的眉毛，眉山向后，眉尾向外拉长些。

（2）离心眉。两眉头距离过远，间距超过一只眼睛的长度。眉头过远使人显得和气、迟钝，五官分散。设计方法：在眉头前顺着眉毛的生长方向一根根地描画，画出虚虚的眉头，将两眉拉近，眉山略向前移，眉尾不宜拉长。

（3）吊眉。眉头低，眉尾上扬。吊眉使人显得喜气、精明，但过吊的眉使人缺少柔和感，并显得脸型更长。设计方法：修眉时除去眉头下面的眉毛和眉尾上面的眉毛，描画时侧重眉头上面和眉尾下面的弥补。

（4）垂眉。眉头高，眉尾低。眉尾下垂使人显得亲切、慈祥，但也有忧郁愁苦的感觉，使人的年龄感增加。设计方法：修眉时除去眉头上面的眉毛和眉尾下面的眉毛，描画时侧重眉头下面与眉尾上面的弥补。

（5）杂乱粗宽眉。眉毛的生长没有规律，显得不够干净、整齐，过于随便。设计方法：根据脸型，以及眉毛与眼睛的间距描画出基本眉型，将多余的眉毛去除，加深眉中轴的颜色。

（6）细小浅淡眉。细浅的眉使人显得清秀，但是过细则使人显得不够大气，过浅则使人显得缺少生气，尤其是使脸盘大的人显得欠缺协调性。设计方法：根据脸型调整弧度，强调眉山，按眉毛自然生长方向一根根描画，眉形加宽，眉头色浅，眉山色浓，眉尾色淡。

3）眼妆设计方法

很多人有一种误解，觉得眼妆必须颜色鲜明，如红的、黄的、粉的、绿的、紫的。实际上，花哨的颜色不仅显得眼皮肿，也会使整个妆面不够整洁。最好的妆容就是于无形中使五官更加立体，在日常生活中也很好看。图5-7是眼影涂抹位置的示例。下面根据不同的眼部特征进行眼妆设计的分类。

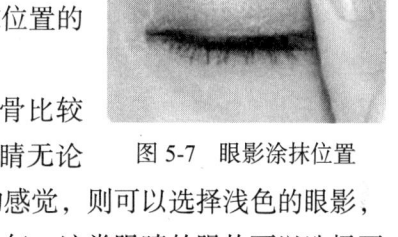

（1）深陷型。深陷型的眼睛一般轮廓比较鲜明，眉骨比较高，眼窝相对比较低，视觉上看起来比较深邃。这类眼睛无论

图5-7 眼影涂抹位置

是浓妆还是淡妆都可以很好地驾驭，如果想要弱化深邃的感觉，则可以选择浅色的眼影，整体更加柔和。如果选择颜色浓郁的眼影，则显得十分洋气。这类眼睛的眼妆可以选择画内眼线，让眼睛更加有神，看起来更精神。

（2）突出型。这类眼睛一般眼球比较突出，眼皮面积比较大。建议不要尝试浅色的珠光眼影，特别是眼睛中间，否则会显得眼球更加突出。应适当地选择偏深的亚光眼影，可以让突出的部分在视觉上减弱一些，如百搭的大地色系。先用浅咖啡色眼影在眼部加深轮廓，然后用深一些的眼影在眼尾处晕染，可以让眼睛看起来立体一些。

（3）眼距近。两眼之间的距离比较近，通常不到一只眼睛的长度。这类眼睛显得五官比较集中，整体看起来比较拥挤。这类眼睛一定不能画内眼角的眼线，否则会让眼距看起来更近。在化眼妆的时候，可以把重点放在眼线上，眼尾处自然拉长，在视觉上制造眼睛向外扩展的效果。眼尾处用深色的眼影晕染一下，眼头处用高光提亮，把关注点从眼间距转移，看起来更加自然。

（4）眼距远。与眼距近正好相反的是眼距远，一般两眼之间的距离超过一只眼睛的长度。这类眼睛容易显得高级、清冷，但看起来五官不太紧凑。可以用眼线笔在眼头前1/3的位置画上内眼线，用亚光眼影强调眼头的位置。把鼻影自然地晕染开，再用高光在鼻梁上点亮一下，这样不仅可以在视觉上缩短眼距，而且可以使整个眼部更有立体感。

4）唇妆设计方法

唇部由于明暗关系形成了很多立体面，有正面、侧面分界线，也有受光、背光分界线。通过调整不同分界线的位置，就能调整唇形，从而设计出一个好看的唇形。

（1）厚唇。可以通过弱化唇部边缘来获得调整效果。可以先用遮瑕膏在唇部边缘涂抹，使明暗分界线尽量往内移，将上下唇的重心往内缩。内侧用深色口红，外侧就用浅色口红，这样效果极佳。

（2）薄唇。薄唇的调整方法正好和厚唇相反，要往外扩，以获得丰唇效果。可以先用遮瑕膏把嘴唇原本的唇线遮住，接着用唇刷蘸取口红勾勒新的轮廓。要注意度的把握，扩大的范围要适量，多了就会不自然。最后涂上口红，口红的边缘可以晕染，显得自然清新，也可以不晕染，有种精致的美。同时，唇峰要有明显的线条起伏，否则会显得很不自然。有了唇峰就可以营造出立体感，让整体妆容在视觉上更协调、雅致。可以先用唇刷蘸取口红勾勒出唇峰的形状，然后沿着唇峰涂上高光，注意人中的两条线也要涂上高光，这样就能呈现出精美的"M"形唇。

（3）唇珠。唇珠是指上唇突起的地方，唇珠明显，嘴唇才会有立体感。首先在上唇的白色"U"形区域内涂浅色口红或有光泽感的唇彩提亮，两边涂上深色口红，加强唇珠的立体感。白色"U"形区域下方也要涂上深色口红，这样可以更好地衬托出唇珠的立体感。

（4）唇角。下垂的唇角会显得没有精神，所以在唇妆设计中一定要把唇角扬起来。上唇边缘"八"字形遮瑕，让边缘往里凹，可以营造唇角上扬的感觉，唇角则要用深色口红斜向上扬。注意，想要嘴唇有微笑的感觉，塑造"M"线比唇角上扬更重要。多尝试几次，就能够找到窍门，让自己的唇妆设计熟能生巧。

三、妆容设计应避开的五个"雷区"

化妆是为了让自己的形象看起来更好，但是化妆也有很多"雷区"。如果不加注意，化妆就很容易起到相反的效果。只有精致、自然的妆容，才能让个人更具魅力。妆容要有质感，就应注意避开以下五个"雷区"。

1. 荧光色口红

口红是必备的化妆品，很多女性即使不化妆，出门也会涂抹口红。口红的颜色非常多，但荧光色口红千万不要随意尝试。虽然荧光色口红可以为简单的妆容增加亮点，但是这样的颜色并没有什么美感，反而使妆容不够和谐，整体看上去并不匹配。选择口红时尽量避免荧光色，日常妆容选一些比较自然的基础色号即可。

2. 多色眼影

很多女性看到别人的眼影画得很好看，就在自己的眼睛上画上多重颜色的眼影。其实大多数眼影的颜色都很难控制，而且并不太好看。乱画眼影会让妆容毫无整体美。可以选择容易搭配又好看的单色眼影，提升气质。

3. 眼线夸张

眼线的作用是使眼睛看起来更加深邃、有神，但很多人都把眼线画得又长又粗，这样"狂野"的眼线很不适合日常妆容。想要妆容拥有质感，可以画内眼线，最好不要太长。因为不是舞台妆，所以眼线画得越自然越好。

4. 亮点太多

无论想要得到什么样的妆面，都只能突出一个重点，千万不能让个人的妆容亮点太多。例如，想突出唇妆，皮肤就不要涂得太白，腮红和高光也不要刷得太多，否则满脸都是亮点，到最后就变成了没有亮点，这样的妆容看起来并不美观。亮点最好选择一个。

5. 烟熏妆

不要认为在脸上增加很多局部深色就是烟熏妆，这样的妆容不仅产生不了美感，还会给人一种面容很脏的感觉。烟熏妆本身很难控制，一定要避免过多深色堆积在同一位置，尽量左右对称。另外，烟熏妆最好别配大红唇，尽量不画下眼线。烟熏妆可选择浅色眼影和口红，这样看起来会舒服一些。

四、妆容设计效果的影响因素

妆容设计是一个具有整体性与联动性的整合方案。不可否认的是，妆容设计效果会受到形象中其他因素的影响。因此，除了上面介绍的对五官的精心修饰，还应当关注对面部、四肢、头发等方面的修饰，使形象更有高雅的美感。

1. 面部因素

修饰面容，首先要洁面，使之干净、清爽，无油垢、无汗渍、无泪迹、无不洁之物。

1）眼睛

清洁时要把眼睛的分泌物及时去掉。若眼睛患有传染性的疾病，则应在一些场合自觉回避，以免让周围的人担心。

2）眼镜

戴眼镜时，不仅要注重美观、舒适、方便、安全，还应经常擦拭或清洗眼镜，使眼镜洁净、明亮。

3）耳朵

在洗澡、洗头、洗脸时，不要忘记洗一下耳朵，必要时清除耳朵内的分泌物，但不可在他人面前这样做。有些人耳毛长得较快，在必要时需对其进行修剪。

4）鼻子

注意保持鼻腔清洁，不要让异物堵塞鼻孔，或者让鼻涕流淌。不要随处吸鼻子、擤鼻涕，更不要在他人面前挖鼻孔。经常检查鼻毛是否长出鼻孔，并及时修剪。

5）口腔

应保持牙齿洁白，口腔无异味，这是形象修饰的基本要求。一是每天定时在饭后刷牙，以去除异物、异味。二是经常使用牙线棒、洗牙等方式保护牙齿。三是在活动、上课或工作之前，忌食烟、酒、葱、蒜、韭菜、腐乳之类有刺鼻气味的食物。四是尽量不在人多的场合发出如咳嗽、清嗓、哈欠、喷嚏、吐痰等声音，这些都是不雅之声。

6）脖颈

脖颈属于面部的自然延伸部分，从整体妆容效果的角度来看，修饰脖颈十分必要。首先是不要忽略脖颈与面部的较大反差，要尽量保持肤色的一致性。其次是经常保持清洁卫生，不要只顾面部，不顾脖颈，尤其是脖颈后很容易藏污纳垢，如果清洁不及时或不到位，则会影响整体妆容效果。

2. 四肢因素

1）上肢

（1）手。手是接触其他人、其他物体最多的部位，从清洁、卫生、健康的角度考虑，应当勤于清洁。指甲应定期修剪，不要留长指甲，否则既不美观、不卫生，也不方便，在与他人直接或间接接触时，还会令他人产生不快，甚至反感。

（2）肩膀。工作场所通常要求手臂尤其是肩膀不可裸露在服装之外，也就是说，最好不穿无袖或半袖的服装。还要特别注意的是，在正式场合，一定要牢记不要穿会令腋毛外露的服装，否则妆容再高雅，形象也会大打折扣。

2）下肢

（1）脚部。严格地说，在工作场所是不允许光脚穿鞋的。这样既不美观，也有可能被人误会。尤其不能穿脚部过于暴露的鞋子，如拖鞋、凉鞋、镂空鞋等。还应注意保持脚部的卫生。鞋袜要勤洗勤换，脚要每天洗，袜子则应每日一换。趾甲要勤于修剪，不应任其藏污纳垢，或长于趾尖。

（2）腿部。在工作场所，一般不允许男士的着装暴露腿部，也就是说不允许男士穿短裤。女士可以穿长裤、裙子，但也不能穿短裤，或者是暴露大部分大腿的超短裙。按照航空公司的规定，女士的裙子长度应达到膝盖上下3厘米。穿裙子时，不允许不穿袜子，尤其不允许光着的大腿暴露于裙子之外。

（3）汗毛。男士的腿部汗毛往往显得过重，因此在正式场合不允许穿短裤或卷起裤腿。若腿部汗毛过于浓黑、茂密，则最好及时脱去或剃除。假如女士有这方面的情况，可以选择深色丝袜加以妥善遮掩。

3. 头发因素

1）净发

头发是职业形象的重要组成部分，应当做好日常护理。平日要对自己的头发勤于梳洗，使头发干净、整洁。勤于梳洗既有助于保养头发，又有助于消除异味。

2）理发

头发的长度应符合以下规则：女士可以留短发，但不宜理寸头；女士头发不宜长过肩部，必要时应以盘发、束发作为变通；男士不宜留鬓角，发帘最好不要长于7厘米，即大致不触及衬衫领口。女士头发的长度应与身高成比例，矮个子的女士若长发过腰，会使自己显得更矮。

3）发型

发型是头发的整体造型，可以快速改变一个人的形象、气质，如果发型不当，妆容的效果马上就会打折扣。职场中，男士发型应干净、整齐，头发前不覆额、后不抵领，侧不掩耳；女士应不染发，发饰朴素典雅，头发前不盖额、后不过肩，如果留长发，则在工作中需要打理整齐，将头发束起或盘于脑后。提倡女士盘发，切忌披头散发。男乘务员发型通常为清洁、利落的短发；女乘务员发型通常为盘发。

第四节 空乘人员化妆的技巧

空乘学员应关注妆容设计的特点、不同场合的妆容设计要领及具体细节、注意事项等，并且根据航空公司对空乘人员的职业妆容要求，结合自己的面部和五官特点，认真地化妆，展现美好的形象。本节着重介绍空乘职业妆容设计的特点，以及规范化的化妆步骤，使空乘学员迅速掌握妆容设计方法及化妆技术。

一、空乘职业妆容设计的特点

职业妆容设计是指通过使用系列化的、较为丰富的化妆品和多种化妆工具，正确而恰当地运用色彩，采用合适的步骤和技法，在自身原有条件的基础上，对面部、五官及相关部位进行预想的渲染、描画和整理，设计出被行业认可、被公众接受、符合期望的妆容形象。空乘职业妆容设计即采用这样的技术和方法，强化面部立体效果，调整容色，表现神采，塑造出适合空乘人员特有的工作性质和工作环境的服务妆容，让空乘形象成为这一职业的信息载体。因此，空乘职业妆容的设计必须充分考虑职业形象信息传递规律，符合自身特有的职业要求。空乘职业妆容要传递的形象信息是亲和、高雅和专业。

空乘职业妆容设计需根据不同航空公司的企业文化与制服风格，确定特有的妆面形象，但总体上都会要求自然、清新、淡雅和含蓄。妆面要整洁、干净，与空乘制服颜色协调、统一，强调以暖色调为主的色彩，如粉色及大地色系能使肤色显得健康。妆容的色彩应是同色系的，如眼影与口红的色彩应该协调、呼应。应特别避免使用深色的下眼线，因为这样会使妆容过于生硬，不符合空乘职业妆容的特征。

空乘工作需要的职业形象和服务形象离不开空乘人员的妆容形象表达，妆容设计的目的不仅是展现职业形象，更是要服务好广大旅客，让他们有轻松、愉悦的乘机感受。空乘人员的工作岗位在万米高空，他们在狭小的机舱内为旅客提供各项服务，并且面对面、近距离地与旅客接触，其妥当、得体的仪表、仪容，配合热情、周到的服务，会让旅客从心理上感觉踏实和受到尊重。因此，空乘人员的职业妆容要求比较严格，既不能浓妆艳抹，又不能素面朝天，而要掌握合适的度，必须用符合空乘工作环境和对客服务场景需要的妆容效果来展现自己的形象。同时，空乘职业妆容的合适与否，也会成为旅客对航班服务质量优劣的评价标准之一，不可忽视旅客对空乘职业妆容的期望。

二、妆前面部清洁与护理

1. 清洁面部

在上底妆前执行的第一个基础程序就是使用洁面产品，对面部皮肤进行全方位的清洁。用指腹在面部轻柔按摩，然后用温水清洗，以去除面部多余的油脂、汗液和灰尘，使皮肤干净、清爽，为下一步护肤做准备。具体来说，应选用适合自身肤质特点的洁面产品，有序地清洁面部皮肤。清洁皮肤是保持良好皮肤状态的必要前提。使用 20~40℃的温水洗脸（油性皮肤水温可低一些），在使用洁面产品时，先在手中打出泡沫，再涂抹到脸上，由内向外画圈，最后用清水冲洗干净。这样做的目的有两个，一是让面部皮肤更柔和、光滑，利于上妆；二是可以彻底清除前一次卸妆后残留在皮肤上的污垢，保证本次妆前皮肤干净。

2. 皮肤补水

清洁面部皮肤之后，还要及时护理皮肤，使皮肤更能满足上妆的需要，以获得绝佳的妆感。护肤先要补水，给皮肤补足水分是十分重要的。选择适合肤质的柔肤水或润肤水，为面部皮肤适度补充水分，可以起到收缩毛孔、保持面部滋润度的作用，使妆容更持久。将柔肤水或润肤水直接涂抹或喷至皮肤表面，用指尖轻轻拍打，让皮肤充分吸收。

3. 皮肤保湿

想要获得理想的妆面，绝不可忘记给自己的皮肤保湿。使用有保湿效果的精华液、保湿乳或保湿霜，为皮肤添加一定的水分和脂质成分，补充皮肤营养，修复受损的皮肤，延缓皮肤的水分流失，维持良好的妆感。

4. 隔离/防晒

因为日晒与环境污染会加速皮肤的老化，所以妆前最不可忽视的就是防晒或隔离步骤，这一步是为了在皮肤与外界之间筑起一道防护墙：一是能有效地阻隔空气中的灰尘与外界的污染物，并防止紫外线对皮肤的伤害；二是不让化妆品直接接触皮肤，减少其对皮肤的过度刺激。因此在上底妆前，要在面部涂抹一层隔离霜或防晒霜，起到保护皮肤和防晒的作用，还可调整肤色。但涂抹时不要忽略下巴、脖子、耳朵等部位，保持肤色均匀。

三、乘务员化妆的七个步骤

根据以往的空乘工作化妆经验，本教材总结出乘务员化妆的高效七步法，力争在 10 分钟内化出一个符合工作需求的妆容。执行好以下七个步骤，亲切、柔和、雅致、含蓄的空乘职业妆就完成了。快速而简便的化妆技术可以让乘务员节省更多的时间，做好班前的各项准备工作，保证飞行任务的圆满完成。

1. 上底妆

底妆一定要服帖和干净，这是整个妆容看起来是否精致的关键所在。选用质感较好的粉底或 BB 霜，用遮瑕膏修饰需要遮瑕的部位，关注脸颊与颈部衔接处的肤色是否一致。

还要注意，从内到外给皮肤补水很重要，不仅要经常敷面膜，也要多喝水。无论是什么肤质，都要记得适量喝水。另外，平时一定要注意防晒和护肤，全年都要做"防"和"护"。只有皮肤状态好，才能快速地化好底妆。

2．画眉毛

要根据自己的脸型选择眉形，先用眉笔画出眉形，再用染眉膏上色以更持久，最后用眉粉轻轻填充使其更加饱满。切记眉毛不要描得太粗，眉头不要描得太重。

3．涂眼影

大地色是必备的颜色，可以用亚光眼影打底，珠光眼影提亮眼头和卧蚕，使眼睛看起来更柔和、亲切，更显空乘形象的美感。

4．画眼线和睫毛

亚洲人的五官不如西方人立体，所以很多时候即使是双眼皮，也需要适当强化眼部的立体感，增加神采，消除或减少肿胀感。同时，睫毛一般具有"短、软、垂"的亚洲特色，因此黑色的眼线笔加睫毛膏是"化腐朽为神奇"的必备品。但要注意其防水性，避免妆花了。

5．涂腮红

用腮红修容时一定要选择和眼影搭配的颜色，使鼻梁看起来更挺拔，面部更饱满，五官更立体。用腮红修饰面部轮廓时不宜过浓，颜色也不宜过深。

6．涂口红

根据制服颜色的搭配需要，选择适合自己唇色的口红颜色，用必备的润唇膏保护唇部，或定期做唇膜，保持唇部的滋润度，淡化唇部色素沉淀，让唇部更有光彩。

7．定妆

完成上述化妆步骤后，可用刷子刷一层蜜粉，整个妆面完成后可用散粉扑一遍，防止脱妆，最后喷一下定妆喷雾。这样，清新靓丽的空乘妆容就化好了。

图 5-8 展示了如何画眼线和睫毛、涂腮红及口红。

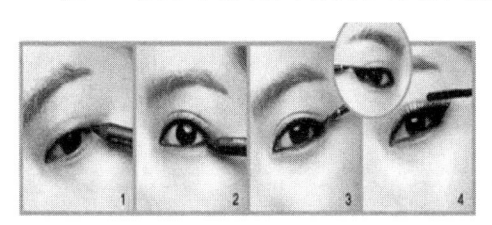

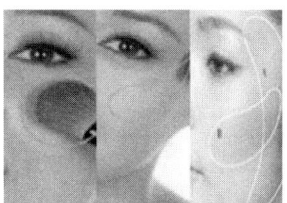

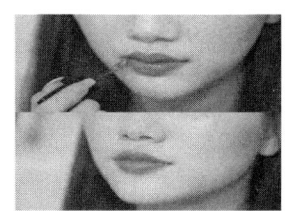

图 5-8 画眼线和睫毛、涂腮红及口红

四、男乘务员职业妆容的化法和要求

妆容形象不仅女乘务员要有，男乘务员也要有，而且并不比女乘务员要求低，更要彰显阳刚之气。男乘务员职业妆容的化法和要求如下。

1. 清洁护肤

男乘务员的护肤程序同样必不可少，需要耐心地做好基础护理，其步骤与女乘务员大致相同，即清洁皮肤、使用爽肤水、涂上精华液、乳液或面霜。要根据肤质选择合适的护肤品，如干性皮肤选择高保湿面霜，敏感皮肤千万不能选择强力清洁洗面奶，否则越洗越敏感。男乘务员的妆容，胡须是关键，要彻底剃除，并始终保持清洁干爽，因此剃须刀需要长期随身携带。

2. 底霜隔离

乘务员执行飞行任务时经常熬夜倒时差，因此健康的肤色尤为重要，这就需要为皮肤隔离、防晒，防止紫外线和外界污染物对皮肤的伤害。由于男性皮肤油脂分泌通常比较旺盛，男乘务员化妆前需要控油隔离，涂隔离霜是妆容的第一步，而有控油功效的隔离霜则是首选，能使妆容更持久。

3. 遮瑕修饰

男乘务员的遮瑕主要针对眼周的黑眼圈，而斑点、小瑕疵就不必太纠结。男乘务员的妆面并不追求无瑕感，但是针对天生皮脂腺分泌旺盛导致的毛孔粗大问题，与女乘务员相比，可以在省去底妆的同时稍加修饰。

4. 眉毛修饰

眉毛需要着重修饰，但不要太夸张。男乘务员的眉毛大多比较浓密，所以画眉时多采用补的手法，在清理多余的杂乱眉毛后用眉笔加深眉色即可。不建议使用纯黑色的眉笔，会显得过于生硬，炭灰色比较自然。修眉时不要过多修改原有的眉形，只要用眉笔顺着原有的形状加深即可。如果眉形天生有缺陷，则可以考虑专业美容，做永久性文眉。

5. 鼻梁修饰

对于鼻梁部位，航空公司对男乘务员没有必须化妆的要求。但是由于特殊的工作性质，保持良好的职业形象不但体现了对旅客的尊重、敬业精神、对自我形象的要求，也体现了提升企业形象的要求。鼻梁不是特别挺立的男乘务员，可以用修容粉对颧骨和鼻翼两侧稍做修饰和设计。

6. 润唇和定妆

男乘务员在化职业妆时，润唇膏不可省略。适当地涂抹无色或肉色的固体润唇膏，使得唇部更有光泽和更加饱满，不仅可以应对干燥的客舱环境，也能起到保护皮肤的作用，是飞行必备品。最后的环节就是用散粉定妆，可以根据个人实际情况决定，不做过多要求。

五、化妆实操演练

对空乘学员来讲，学习化妆的最有效方法就是在专业课程教师的指导与带领下，一步一步地按照化妆程序进行实操演练，先局部后整体，仔细而认真地完成每个化妆步骤，学习细节上的处理技巧，这样才能更好地学以致用，掌握有效的化妆方法，设计出一个符合

第五章 空乘妆容设计与化妆

行业形象要求的妆面。

空乘职业妆容不但追求高效，而且追求精致，要在 10 分钟内化出一个自然清新、靓丽高贵的职业妆容。如果没有平时的坚持用功和不断练习，就难有娴熟的化妆手法，又怎么能够在这么短的时间内化出理想的职业妆容呢？如果过不了妆容这一关，又如何能做好将来的对客服务工作呢？

图 5-9 展示了空乘学员化妆教学情境。

图 5-9　空乘学员化妆教学情境

女空乘学员化妆的基本流程：洁面→护肤→上底妆→画眉型→涂眼影→画眼线→涂睫毛膏→涂腮红→涂口红→定妆。

要注意，可用眼影刷、无名指涂眼影；眼影色彩选择大地色、橘色、粉色或粉紫色。使用睫毛夹和睫毛定型液修饰睫毛，"Z"字形涂上睫毛膏；一根根地涂抹睫毛；保持 15 秒不眨眼。

男空乘学员化妆的基本流程：洁面→护肤→隔离→遮瑕→修眉→修容→润唇→定妆。

为了能够充分地适应乘务工作环境和航班服务需要，男空乘学员也要保持良好的化妆习惯，熟练地掌握化妆的全过程，让自己看起来更加朝气蓬勃，充满阳刚之气。建议空乘学员在课堂学习的基础上，下课后加强化妆练习，通过课上、课下的切实演练，尽快掌握空乘职业妆容的化法，拥有足够的自信和良好的气质，使自己的形象更具魅力。

知识拓展

口红

口红是涂抹于唇部的化妆品，能够改变嘴唇的色泽，增加唇部的立体感，达到美化唇部、提升整体形象的目的。世界上最早的口红来自哪里呢？考古学者发现，世界上的第一支口红来自苏美人的古城乌尔，苏美人大概来自安纳托利亚周围，约公元前 3300 年到达苏美，创造了前苏美文明。古埃及人也非常喜欢化妆，大约在 5000 年前就使用过黑色、橘色和紫红色的口红。不仅如此，古埃及人还会在宴会上涂抹深色的眼影、腮红来打扮自己，甚至死后还要把假发盒、眼影和口红带进坟墓。中国人对嘴唇的修饰盛行于唐代，女子多以胭脂点唇，不过那时的口脂并不是今天我们看到的管状口红，而是以膏状装在一个精美的小盒子里。唐朝的贵族妇女、教坊歌妓喜欢以檀色（紫红、浅红色等）口脂点唇。从敦煌壁画《乐庭环夫人行香图》中，可以看到唐朝女性有各种形状的唇式，如将唇画成两片半圆形、上下两片小月牙形，将整个唇部勾勒出一个菱形等。中国早期的口脂并非只限女性使用，男性也会用口脂修唇，只不过男性使用的口脂一般不含颜色，是一种透明的脂膏。

随着人类社会的进步和文明意识的增强，口红逐渐从上流社会走入民间，但涂抹口红的美感意义没有改变。口红的普及也使生产口红的原材料千变万化，从天然的植物、香料到化学成分，再到矿物质、动物油脂、植物油脂、蜡等材料，还有各种颜料及染料，无不被添加到口红中。一支漂亮的口红包含了多种多样的成分，因此我们在使用口红时，不能只关注口红的颜色和对唇部的修饰，还应注意对嘴唇和身体的保护。

在涂抹口红之前，要把嘴唇清理干净，涂上一层润唇膏或防裂膏，起到保护嘴唇的作用。过敏体质的人在购买口红时，应关注是否有不适合自己的成分。不要把口红吃进嘴里，造成潜在的危害；涂抹口红时不宜涂得太厚，或者一次涂抹得太多。还要注意什么样的场合、服饰搭配什么颜色的口红，正确地选择口红。

第五节 补妆方式与化妆礼仪

一、化妆的误区

1. 化妆时不宜修眉

一个好的眉形对于妆容至关重要，因此我们需要定期对眉毛进行必要的修剪与护理。可是，眉毛的修剪应该在平时不化妆的时候进行，而非与化妆同步，因为眉毛修剪势必影响毛囊组织，在化妆时修眉，化妆品的刺激可能导致局部感染。而且在化妆时修眉，还可能营造出一种光秃、不自然的感觉，影响妆面的协调和美感。

2. 口红不宜多抹

唇部的色彩会影响整体妆容的效果，在很大程度上，唇部的颜色直接决定了人的气色和神采。可以说口红起着画龙点睛的作用。但是口红不能多抹，因为口红对于人体的健康可能是一种潜在的威胁。口红中的油脂具有较强的吸附作用，会吸附空气中的灰尘、重金属和细菌等，且油脂容易渗入皮肤内部，口红也极易被"吃"到口中，这些脏东西就会进入口腔。因此不宜多抹口红。

3. 不宜不断补粉

很多女性都有补粉的习惯，这无可厚非，但是，如果过多补粉，粉和面部的油脂混合，就极易附着在脸上，成为很难清除的斑点，鼻子也会因为这些成分的混合而发黑。

4．不宜使用他人用过的化妆品

很多皮肤过敏或皮肤疾病的产生原因，往往是使用了一些多人用过的免费样品。因为这些样品被不同的人群使用，积攒了很多灰尘、细菌等，成为疾病的传播媒介，所以尽量不要使用他人用过的化妆品。同样，不要随意把自己的化妆品借给他人使用。

二、正确的补妆方式

很多人在补妆时会选择直接往脸上扑粉，但无论如何补救，都难以恢复好看的妆容。这无疑进入了补妆的误区。需要学习正确的补妆方式，找到其中的小窍门。

1．吸走油脂

妆容会花是满脸的油光造成的，因此如果不吸油，直接补妆，粉霜和油脂混合在一起，那么结果必然是"惨不忍睹"。补妆时需要用面纸或化妆棉等轻轻地按压面部，吸走面部多余的油脂。

2．用保湿喷雾清理底妆

底妆被破坏的时候会让补妆很麻烦，因此最好放弃坏掉的底妆，重新开始化底妆。这时可以用化妆棉蘸化妆水清理底妆，或者直接用保湿喷雾擦拭面部，清理之前的底妆，方便实用，更易于补妆。

3．用棉棒清理眼妆

可以选用棉棒清理残留在眼部的睫毛膏、眼线液等污垢。因为眼部角质层较薄，皮肤更细腻，所以清理残留眼妆时，动作要轻柔，以防损伤眼部皮肤。

4．清理唇妆

吃饭、喝水，或者自然脱色，很容易破坏完整的唇妆。可以先用润唇膏涂在唇部，用润唇膏的油脂溶解干掉的唇妆，同时软化嘴唇，几分钟后再用化妆棉或湿巾擦除残留的唇妆。

5．遮瑕

取适量遮瑕膏，用指腹轻拍，遮盖面部瑕疵。

6．蜜粉定妆

如果想让妆容更持久，那么最后还需要用蜜粉定妆。当然，这是比较细致的补妆步骤。可以根据自己的实际情况或妆容需要，选择合适的补妆技巧，以保持妆容整洁。

三、化妆礼仪

一般来说，化妆要遵循"3W"原则，即 When（时间）、Where（场合）、What（事件）。不同场合应有不同妆容，这是拥有得形体象的定位准则。具体化妆礼仪如下。

1. 化妆要视时间、场合而定

女性在社交场合尽量不要"素面朝天",应该化淡妆,以最佳的状态示人。男性在某些特定场合也可以化淡妆,调整良好的面色和外在形象,但是不可以太露痕迹。工作时间、工作场合只允许化职业妆(淡妆),浓妆只有晚上才可以化。外出旅游或参加运动时,不要化浓妆,否则在自然光下会显得很不自然。吊唁、葬礼场合不可化浓妆,也不宜抹口红。

2. 化淡妆

职业女性在工作岗位上应当化淡妆,目的在于不过分突出职场女性的性别特征,不过分引人注目。一位职业女性在工作场合化过于浓艳的妆,往往给人过分招摇或不自信的感觉。女性化职业妆,只需略施粉黛、淡扫蛾眉、轻点红唇,恰到好处地强化,就可以充分展现女性的光彩与魅力。

3. 避免当众化妆或补妆

有些女性不管身在何处,只要稍有闲暇,便立刻掏出化妆盒,为自己补一点香粉,涂唇膏,描眉……当众化妆或补妆,尤其在工作场合当众这样做,显得很不庄重,并且使人觉得她们对工作不够认真。很多公司设有专门的化妆间,就是为化妆或补妆的人士准备的,女性要补妆,最好去专门的化妆间或卫生间。

4. 力戒与他人探讨化妆问题

每个人的审美观未必一样,因此不值得在这方面替别人忧心忡忡,更不要评价、议论他人化妆的得失。当面指出对方的妆容失误会使对方不快,甚至因此与对方产生矛盾,费力不讨好。

5. 力戒自己的妆面出现残缺

如果自己化了妆,就要有始有终,努力维护妆面的完整性。对于唇膏、眼影、腮红、指甲油等,要时常检查。用餐之后、饮水之后、休息之后、出汗之后、沐浴之后,一定要及时补妆。妆面深浅不一、残缺不堪,必然给他人留下不好的印象。

第六节 国外航空公司空乘职业妆容的特点

一、不同国家的空乘职业妆容

不同国家、不同民族的人群,在审美观及文化认知等方面存在巨大的差异,这些差异也体现在妆容的设计风格上。虽然不同国家和地区的人群对于妆容的多样性具有越来越高的包容度及接受意愿,但亚洲地区的传统观念"肤色统治",即以白为美,仍然影响人们对妆容的看法。据调查,在中国、马来西亚、菲律宾、韩国等亚洲国家,至少有 40%的女性使用美白产品。

从妆容特色上看，中国空乘职业妆容偏好高饱和度、高对比，强调唇妆颜色鲜明，追求立体感，底妆更偏爱亚光型粉底的无瑕、白皙，整体气场更强大；日本空乘职业妆容崇尚自然感；韩国空乘职业妆容则突出清纯的精致感，擅长用细节塑造锐度，底妆通常强调水光感；泰国注重健康色系的雾面空乘职业妆容，如橘棕或裸橘色系的唇妆等。

欧美地区空乘职业妆容的灵魂在于突显五官的立体形状，眼妆通常比日韩妆要浓重些，但这并不代表欧美妆就等于浓妆。眼窝色彩分明，挑眉、厚唇，妆容具有一抹性感和立体感。化欧美妆可以让原本有些扁平的五官变得立体，气质大相径庭。

二、国内外航空公司空乘妆容的特点

1. 国内航空公司空乘妆容特点

1）中国国际航空

蓝色制服适宜搭配"粉红色加紫色系"妆容，眼部使用紫色系眼影，唇部、脸颊使用粉色系彩妆，唇部颜色不能过浅，口红选暖橘色；红色制服适宜搭配"咖色加橘红色系"妆容，眼部使用咖色系眼影，唇部、脸颊使用橘红色系彩妆，口红选淡粉色、玫粉色。

2）南方航空

该公司制服分为芙蓉红和天青蓝两种，以柔美的芙蓉红色和淡灰色搭配。蓝色制服搭配蓝色系眼影，深蓝色或天蓝色；腮红选暖橘色；口红选暖橘色。红色制服搭配粉色、紫色系眼影，腮红选淡粉色，口红选淡粉色、玫粉色。

3）东方航空

为了配合制服颜色，突出空乘人员的气质，通常腮红选亮粉色、浅桃色；口红选正红色；眼妆选时尚湖蓝色；眼影选天蓝色、湖蓝色，或者棕橘色、香槟色、深棕色；口红选柔橘色。

4）海南航空

东方华彩中国红系列、国际灰制服，搭配大地色眼影、正红色口红及正红色指甲油。空乘人员肤色要很白，才能驾驭这种妆容。

5）厦门航空

面部妆容应符合职业要求，肤色、眼妆、唇妆均以自然清新为宜，整体妆容确保干净、整洁，腮红以粉红色系为宜，禁止使用橘色系。口红使用玫瑰色，不宜涂抹艳红、深红及粉红色的口红，不宜使用唇彩。

6）深圳航空

妆容以清新柔美为宜。自然的底妆、柔和的眉形、大地色系的眼影、玫红色的唇彩，整体妆容干净、透亮。

2. 国外航空公司空乘妆容特点

1）日本

日本空乘职业妆容的一大特点就是修容明显，日系修容尤其注意体现少女感。底妆干净、色调清新，突显个人柔和的气质，带有一丝温柔、精致，清淡自然。眉粉和染眉膏打造雾眉，粉色系的腮红是妆容的灵魂，自然感内眼线突出卧蚕和睫毛，唇妆颜色柔和，弱化边缘妆感。

2）韩国

韩国空乘职业妆容追求美白和通透感，妆面柔和，光泽细腻。底妆多是白皙的水光肌，通过高光增强水光感，眉毛基本都是棕色，黑色少见，眼妆清透、明亮，突出双眼皮和卧蚕，基本以荧光色及珠光色为主。

3）欧美地区

欧美地区空乘职业妆容一般贴近肤色，深邃性感。对于欧美人，底妆并不是越白越好，而是以自己的皮肤颜色为基础化底妆。法国女性有时只会画眉毛、遮瑕、涂口红就出门。当然，这也和法式妆容中以皮肤护理为主的概念有关，很多法国女明星都认为护肤的重要性高于彩妆。因而法国空乘职业妆容可以算得上是最清淡的妆容，但是，由于法国人五官较为突出，给人的感觉并没有很清淡，反而具有一定的视觉冲击效果。

三、国外航空公司对空乘职业妆容的要求

1. 法国航空和荷兰航空

法国航空乘务员眉毛细而高挑，细弯的眉毛搭配精致的妆容，更显优雅气质；荷兰航空乘务员眉毛平直，斜插入鬓，眉毛距眼睛较近，衬托得面部表情端庄而严肃。心理学家发现，眉毛高挑和颧骨高挺的人会让人感觉更亲近，这是法国乘务员比荷兰乘务员看起来更亲切的重要原因。

2. 阿联酋航空

阿联酋航空最引人注目的就是乘务员的大红唇和白面纱，头上的红帽子和脸上的大红唇相得益彰，让乘务员极具风采。阿联酋乘务员的大红唇没有让人感到冷艳和有距离，反而让人觉得亲切无比，灿烂的笑容就是她们的加分点。阿联酋航空乘务员妆容的重点是唇妆，大红的唇色极具中东地区特色，大气、高贵又精神，十分悦目。

3. 马来西亚航空

马来西亚航空乘务员在衣着及妆容上极具民族风情，保留民族特色和自我亮点。妆容的重点是眼妆，加粗眉及微微上翘的眼线让眼睛更加活力四射，使整张脸神采奕奕。

4. 卡塔尔航空

卡塔尔航空乘务员除了发型必须一丝不苟，妆容的要求也很严格。口红、指甲和制服的颜色要配套；口红只允许红色系和粉色系；指甲的颜色与口红同色系，此外还允许法式美甲和透明色。

（本章图5-4由南航提供。）

本章实操

1．通过对第一节、第二节的学习，熟练掌握各种常用化妆工具的使用方法；了解化妆品的类型及选用方法；依据个人皮肤的特点，找到适合自己肤质的化妆品。
2．通过对第三节的学习，用心揣摩、反复练习妆容设计的原则与方法。
3．通过对第四节的学习，根据乘务员化妆的技巧，进行实操演练，化好职业妆。

思考练习题

1．职业妆容和生活妆容的区别是什么？
2．空乘妆容的特殊性体现在哪里？
3．请谈谈你对空乘妆容的理解和认知。
4．空乘妆容的设计方法有哪些？怎样才能化好工作妆？
5．空乘化妆礼仪有哪些？

第六章

空乘健美塑形与仪态美

章前提要

形体的健美是空乘形象的重要组成部分。良好的形体、典雅端庄的气质，是空乘人员带给人们的美好印象。这也是航空公司选拔空乘人才的条件。因此，对于身材、体型的训练是十分必要的。利用科学的训练方法，空乘学员不仅可以改善形体与仪态，在形体训练的过程中还可以感受到自然之美、音乐之美、心灵之美，在健美塑形的同时修炼个人的心性和高雅气质，释放青春活力。

本章着重阐述芭蕾舞、瑜伽的训练方法和基本动作，以及运动的有益方式，使空乘学员在轻松愉快的健美塑形训练中体会到健身的重要性，学习与运用科学、有效的训练方式，从而塑造良好的形体、强健的体魄，优化空乘形象。

学习目标

1. 了解形体美及形体美的重要性。
2. 掌握常见的健美塑形方式。
3. 理解空乘仪态美。

第一节 认识形体美

一、健美塑形的美学意义

1. 人体美

人体美是指人的容颜、形体、姿态共同组成的美，包括肤色、形体结构与线条、四肢与五官比例，以及合适的服饰，是人的一种自然美。不难理解，人体美既是容貌美与形体美的结合，也是身材比例和谐、匀称的美，是一种综合之美。19世纪，德国哲学家叔本华把人体美视为人类历史在可视形式上的最充分表现，使人体美成为视觉意义上的审美对象，表现了身体、样貌的美观度。审美与时代发展紧密相连，在不同的文明时期，人们在审美理念上具有差异，但人体美以匀称、挺拔、健康、活力、朝气的标准贯穿古今。社会与科技的发展为展示人体美提供了可靠的条件，使人们能够通过有序的锻炼和积极的保养完善人体美，并为形象设计与形体塑造提供了可靠的依据和基础。

2. 形体美

通俗地说，形体是指人的身体形状或外形，从生理学角度讲，是指人体或人体形态，包括形象、状态。而体质可以看作身体素质、健康情况。形体美是指人的身体曲线美，即人的躯体线条结合人的情感、品质，通过形象、姿态等，展示在他人面前的一种形体美感。例如，男性的形体美表现为身形的匀称、敦实和强壮，是一种粗犷的美；女性的形体美表现为女性特有的曲线、匀称、细腻和弹性，是一种柔和的美。由此可见，形体美的内容十分广泛，不仅包括身体本身的曲线结构美、四肢的协调美，而且包括肢体动作美和行为表达美。也可以说，形体美主导与左右着人体美，人体美离不开形体美。

人们可以通过各种各样的塑形方式达到健美的目的，完整地展现出个人的形体美，丰富形象美的内涵。就形体美来说，皮肤应红润而有光泽，健康而阳光；五官比例协调；四肢、躯干、头部左右对称；动作舒展，行走有力；表情自然；符合正常的体重范围等。

3. 健美塑形的实用性

健美塑形除了具有相应的美学价值，还具有一定的实用性。通过富有科学性与艺术性的训练方法，个人不仅可以增加对形体美的认知，增强自信，而且能够提升体能和素质，为空乘事业发展打好基础。例如，利用较理想的形体条件找到更适合的工作；为自己带来和谐的人际关系，如使旅客得到美感体验和乘机享受；还可以通过坚持形体训练让个人的整体形象始终如一，体现空乘人员的坚定信念、高度自律、对形象美的坚守，并由此收获赞美。

健美塑形除了提升职业素质，还有强身健体的作用。身体是人类生命的唯一载体，健康的身体是生命的有效保障，而生命的质量并非只是活着，更是创造出生命的意义和价值，以身体为基础，获得生命历程中的辉煌和灿烂。

二、形体美的体现

1. 女性的形体美

人体的骨架决定了形体的表现，骨架又是由骨骼构成的，所以骨骼的生长、发育对形体的影响很大。形体美要有一副协调、匀称的骨架；还要有丰满、富有弹性的肌肉、脂肪和皮肤；更要有优雅的姿态。对女性来说，形体美主要体现于胸部、腰部、腹部、臀部和腿部，以及皮肤，其形体美应包括丰胸、细腰、提臀，四肢修长、匀称，皮肤红润等。科学的塑形和健身锻炼能够减少脂肪的堆积，增加肌肉的紧实度，维持身体平衡，保持身体灵活。特别是腰部、腹部，面积较大，容易堆积皮下脂肪。只有持续进行有序训练，才能保持腰部、腹部的紧实度，维持较好的平衡状态，保持身材苗条。

同时，健美塑形训练也会促使肌体细胞更活跃，加快新陈代谢，有利于对营养的吸收，让皮肤变得更有弹性，光洁而细腻，面部光泽而富有朝气。

2．男性的形体美

男性的形体美不仅体现为躯干线条的优美，而且体现为力量的呈现，即体魄强健，传达出一种气势，如形体匀称、线条鲜明；肌肉发达、健壮有力；精神饱满、朝气蓬勃、富有活力等。男性形体美的状态，一般是上身呈"倒三角形"，背部宽大，腰部稍窄，胸肌发达，有6~8块腹肌；下身健硕，大腿、小腿粗而匀称；头颈、躯干和脚的纵轴在同一垂直线上，骨骼曲线匀称；肌肉曲线协调，富有弹性，皮肤光泽度好，有一定的柔韧性。

三、形体美的测量

1．形体美的标准

人体的完美状态应符合黄金分割比例，即上半身与下半身的比例应为0.618，以肚脐为界；胸围、腰围、臀围三者之间的比例为 3∶2∶3。下面列出了形体美的参考标准，一般来说，与标准接近的数值都在正常范围之内。

（1）胸围标准：身高×0.535。

（2）臀围标准：身高×0.565。

（3）腰围标准：身高×0.365。

（4）手臂围标准：身高×0.155。

（5）大腿围标准：身高×0.32。

（6）小腿围标准：28~34厘米。

2．东方女性标准身材的测量

东方女性的标准身材，上下身比例一般为5∶8，以肚脐为界。具体如下。

（1）肩宽：测量两肩峰之间的距离，肩宽=胸围×0.5-4。

（2）胸围：由腋下沿胸部的上方比较丰满处测量，胸围=身高×0.5。

（3）腰围：正常情况下，测量腰最细的部位，腰围=胸围-20。

（4）上臂围：选取肩关节与肘关节的中部测量，上臂围=大腿围×0.5。

（5）颈围：在颈项中部较细的部位测量，颈围=小腿围。

（6）大腿围：在大腿的最上部，臀折线下测量，大腿围=腰围-10。

（7）小腿围：在小腿较丰满处测量，小腿围=大腿围-20。

以上数值单位均为厘米。

3．东方男性标准身材的测量

东方男性标准身材的测量中心点应在股骨大转子顶部的位置。具体如下。

（1）肩宽：测量两肩峰之间的距离，肩宽=身高×0.25。

（2）胸围：由腋下沿胸部乳头的上方测量胸围，胸围=身高×0.5+5。

（3）腰围：测量腰最细的部位，腰围=胸围-15。

（4）颈围：在颈项中部较细的部位测量，颈围=小腿围。

（5）上臂围：选取肩关节与肘关节的中部测量，上臂围=大腿围×0.5。

（6）大腿围：在大腿较粗的位置测量，大腿围=腰围-22.5。

（7）小腿围：在小腿较粗的位置测量，小腿围=大腿围-18。

以上数值单位均为厘米。

四、航空公司的形体要求

1. 面试的一般要求

航空公司面试空乘学员时，一般要求五官端正，头部不歪斜；双耳左右对称，大小适中；颈部颀长、舒展；双肩对称性好，不斜肩；身材比例协调，躯干保持正常的生理曲线；三围比例好（胸围、腰围、臀围），挺胸，腰部有力；臀部丰满，不下坠；双腿修长、挺直，腿部线条流畅；双手及手臂无明显伤疤，肤色好，皮肤光洁而有弹性等。

航空公司在形体方面对空乘学员的严格挑选，传递了一个确切的信号，即一定要加强自身在整体形象方面的修炼，包括形体训练、气质培养等。

2. 各航空公司招录空乘学员的身高和体重标准示例

1）中国国际航空

（1）女性。身高：163～173厘米；体重：[身高（厘米）-110]×90%～[身高（厘米）-110]。

（2）男性。身高：173～185厘米；体重：[身高（厘米）-110]×90%～[身高（厘米）-110]。

2）海南航空

（1）女性。身高：165～175厘米；体重：[身高（厘米）-110]×90%～[身高（厘米）-110]。

（2）男性。身高：173～184厘米；体重：[身高（厘米）-110]×90%～[身高（厘米）-110]。

3）深圳航空

（1）女性。身高：162～172厘米；体重：[身高（厘米）-110]±10%。

（2）男性。身高：172～184厘米；体重：[身高（厘米）-110]±10%。

4）北京首都航空

（1）女性。身高：165～175厘米；体重：[身高（厘米）-110]×90%～[身高（厘米）-110]。

（2）男性。身高：173～185厘米；体重：[身高（厘米）-110]×90%～[身高（厘米）-110〕。

5）上海春秋航空

（1）女性。身高：162～172厘米；体重：〔身高（厘米）-110〕±10%。

（2）男性。身高：172～184厘米；体重：〔身高（厘米）-110〕±10%。

6）福州航空

（1）女性。身高：163～175厘米；体重：〔身高（厘米）-110〕×90%～〔身高（厘米）-110〕。

（2）男性。身高：173～184厘米；体重：〔身高（厘米）-110〕×90%～〔身高（厘米）-110〕。

7）厦门航空

（1）女性。身高：163～175厘米；体重：〔身高（厘米）-110〕±10%。

（2）男性。身高：172～184厘米；体重：〔身高（厘米）-105〕±10%。

8）上海吉祥航空

（1）女性。身高：164～172厘米；体重：〔身高（厘米）-115〕×（1-10%）～〔身高（厘米）-115〕+（1+10%）。

（2）男性。身高：174～182厘米；体重：〔身高（厘米）-115〕×（1-10%）～〔身高（厘米）-115〕+（1+5%）。

以上体重单位为千克。以上标准示例仅供参考，具体以各航空公司当时发布的招录信息为准。

同时，对于希望拥有双证的空乘学员（乘务员、安全员），航空公司还会增加考核体能的项目，详见第七章。

第二节　常见的健美塑形方式

健美塑形是带有艺术性的有益形体训练方法，主要通过优美而舒展的舞蹈基础练习，如以芭蕾舞为基础，结合古典舞蹈、民族和民间舞蹈，以及健美体操、有氧运动等多种组合项目，进行综合塑形训练，以塑造出匀称、协调、灵活的优美体态，培养个人高雅的气质。另外，健美塑形还可纠正一些不正确的身体姿态，如走路时身体前倾后仰、左右晃动、重心不稳、步伐凌乱等，塑造出理想的空乘标准形体。本节着重介绍芭蕾舞、瑜伽、有氧运动等健美塑形基本方式。

一、芭蕾舞健美塑形训练

芭蕾舞源于意大利语词汇Balletto，即跳舞，意为晚会上的舞蹈表演，后用法语词汇Ballet表示并沿用至今。芭蕾舞起源于意大利，兴盛于法国，鼎盛于俄国，后又走向世界各地，经过了启蒙、浪漫、古典、现代和当代芭蕾等发展历程。15世纪出现了世界上第一部完整的芭蕾舞作品《皇后喜剧芭蕾》；法国皇家舞蹈学院是世界上第一所芭蕾舞教育机构；俄国伟大的作曲家柴可夫斯基是把交响乐创作融入芭蕾舞音乐的第一人，创作了《天鹅湖》《睡美人》《胡桃夹子》三部芭蕾舞剧。芭蕾舞经过宫廷职业舞蹈家的提炼加工，成为极具贵族气质的剧场舞蹈，也是世界艺术宝库中的经典艺术。芭蕾舞训练可概括为开、绷、直、立四大审美原则。持续练习芭蕾舞，可以塑造优美体态，强化身体各部位的协调能力，使腿、脚、躯干、手臂更有柔韧性、灵活性、直立性，让身姿更挺拔，肢体动作更优雅，气质更超凡。

1. 芭蕾舞的基础动作

芭蕾舞初学者一定要掌握基础动作。只有先掌握必备的外开性、稳定性及身体的正确姿势，才能更有效地学习把杆动作。其中，身体姿势、手位、脚位都是芭蕾舞练习中的基础动作，掌握这些基本动作要领是做好接下来的把杆组合练习动作的必要基础。

1）身体姿势

主要训练芭蕾舞四大审美原则中的直、立，保持挺拔身姿。基本动作如下。

（1）身体面对把杆，与把杆之间相距一个小臂的距离；双臂与肩同宽，双手扶把，放松肩部。

（2）双膝绷直，腿肌、腹肌收紧，躯干挺直、上提；双脚呈小八字位，双肘下垂。

（3）头部向上、正直，面部表情自然，保持正常呼吸。

（4）在站立时要放平双脚，双腿内侧夹紧，胯向上提；身体中段部位保持直立，收小腹，肩胛骨下沉；颈部直立，双手扶把。

2）手位

主要训练芭蕾舞七种手位，即一位至七位手，为完成接下来的优美舞蹈做准备。手位是芭蕾舞的重要组成部分，在芭蕾舞的发展中，有各种不同的手位，现在通常练习的是由芭蕾舞专家归纳和总结出来的教学手位。无论是哪种手位，都要求保持手指、手腕、手臂线条的流畅与柔和。做手位时，手腕一定要放松，手形准确、到位。

（1）一位手。双手在大腿前面，手臂自然弯曲，小指不要紧贴大腿；双臂自然下垂，双手手心相对，中间约为10厘米。

（2）二位手。在一位手的位置上，小指主动向上抬起，至肋骨的最下端，指尖相对。

（3）三位手。在二位手的位置上，继续向上，抬至额头的前上方，手心对准自己的眼睛。

（4）四位手。一只手保持在三位手的位置，另一只手从三位手的位置由小指带领，从前面切至二位手的位置。

（5）五位手。一只手保持在三位手的位置，另一只手从二位手的位置由指尖带领，向旁边打开。

（6）六位手。一只手保持在旁不动，另一只手从三位手的位置由小指带领，从前面切至二位手的位置。

（7）七位手。一只手保持在旁不动，另一只手从二位手的位置由指尖带领，向旁边打开，形成七位手，手心相对，手不能高于肩膀。

（8）手位的组合练习。3/4拍音乐，面对两点方向，双脚小八字位，一位手。

一位手：1～4拍×3；二位手：5～8拍×3；三位手：9～12拍×3；四位手：13～16拍×3；五位手：17～20拍×3；六位手：21～24拍×3；七位手：25～28拍×3。

3）脚位

主要训练芭蕾舞五种基本脚位，即一位至五位脚。做脚位时，要注意脚不能往大脚趾和小脚趾倾斜。基本动作如下。

（1）一位脚：站好，双脚脚跟并拢，脚尖呈"一"字形打开，并与肩平行。

（2）二位脚：在一位脚的基础上，双脚呈直线向两旁打开，双脚之间相距一只脚的距离，重心在双脚中间。

（3）三位脚：在二位脚的基础上，一只脚的脚跟与另一只脚的脚心靠拢，保持外开的状态。

（4）四位脚：以一只脚为定点，站好一位脚的姿态，双脚前后打开，前脚的脚跟与后脚的脚尖相对，双脚呈"二"字形的平行状，两只脚的前后距离大约为一只脚掌竖着的距离。

（5）五位脚：在四位脚的基础上，以后脚为定点，前脚向后脚靠拢并收紧，重心在两腿的中间。

（6）脚位的组合练习。4/4拍音乐，八拍准备。

① 一位脚：1～8拍；右脚向旁移至二位脚，1～8拍；右脚移至左脚前呈三位脚，1～8拍；右脚向旁移至二位脚，1～8拍。

② 左脚往前呈三位脚，1～8拍；左脚向旁移至二位脚，1～8拍。

③ 重心往左移，右脚收前五位脚，1～8拍；左脚旁擦地，收前五位脚，1～8拍。

2．把杆组合练习动作

把杆组合练习动作就是让全身的关节、肌肉、肢体得到整体和有效的训练，让躯干保持良好的直立度，保持身体在变换动作时的协调性，保持身体重心的稳定性，强化脚的外开力度与肌肉控制力，通过这些动作的训练，达到健美塑形的目的。下面列举几个把杆组合练习动作的示例，供练习时参考。

1）第一部分（擦地）练习动作

这部分主要是训练腿、脚的力量。基本动作：一是前擦，身体重心移至支撑腿上，动力脚沿着地板向前擦出，脚跟先领，然后脚跟带动脚尖沿地面擦地，经由半脚掌形成前点地动作；脚收回原位时，由脚尖带动，半脚掌擦地。二是后擦，动力脚沿着地板向后擦，同旁擦过程，脚跟先领收回。三是旁擦，沿着地板，动力脚往旁边擦出，边推地板边往远处伸；脚跟、脚心、脚掌逐渐离地，在保持身体平衡、重心稳定的情况下，推脚背成脚尖点地，脚跟要往前顶；全脚收回时，脚尖、脚心、脚跟、脚掌逐渐着地。关注要点：在做旁擦、前擦及后擦的动作时，力量一定要送到脚尖处的部位上。

◎擦地组合练习：4/4拍音乐。

◎准备：双手扶把，双脚呈一位脚站好。四拍准备。

◎动作步骤：

（1）1~4拍：右脚向旁擦地，5~8拍：返回。重复一次前面的练习动作。

（2）1~4拍：左脚向旁擦地，5~8拍：返回。重复一次前面的练习动作。

（3）1~4拍：右脚向前擦地，5~8拍：返回。重复一次前面的练习动作。

（4）1~4拍：左脚向前擦地，5~8拍：返回。重复一次前面的练习动作。

（5）1~4拍：右脚向旁擦地，5~8拍：返回。重复一次前面的练习动作。

（6）1~4拍：左脚向前擦地，5~8拍：返回。重复一次前面的练习动作。

（7）1~4拍：右脚向后擦地，5~8拍：返回。重复一次前面的练习动作。

（8）1~4拍：左脚向后擦地，5~8拍：返回。重复一次前面的练习动作。

（9）1~4拍：双手收回呈一位手。

2）第二部分（把杆压腿）练习动作

这部分主要是训练腿部的前、旁、后腿韧带的柔韧性。基本动作：一是压旁腿，左手轻扶把杆，右腿的脚腕放在把杆上，两肩、两胯摆正；左手芭蕾三位手，指尖带动，往右脚的方向下旁腰。二是压前腿，左手轻扶把杆，右腿脚腕放在把杆上，两肩、两胯摆正，右手芭蕾三位手，指尖带动头顶往远处延伸，90度身体前倾。三是压后腿，身体侧对把杆，双手扶杆，外侧腿脚腕搭在把杆上，"四点"摆正，身体维持不动，主力腿向下蹲。关注要点：压前腿时，胯一定要正，腿部要保持外开。

◎训练组合：4/4拍音乐。

◎准备：身体面对八点方向，直立。右脚放在把杆上呈45度，左手扶把杆，右手在芭蕾三位手。

◎动作步骤：

第一遍音乐：

准备拍：八拍。

（1）1~4拍：前压腿。5~8拍：还原。重复一次前面的动作。

（2）前压腿停住。

（3）还原，右手向上，三位手。

第二遍音乐：

准备：身体转向六点方向，直立；右脚放在把杆上，呈45度；右手扶把杆，左手在芭蕾三位手。

（1）1~4拍：旁压腿；5~8拍：还原。重复一次前面的动作。

（2）压旁腿停住。

（3）还原，右手向上，三位手。

第三遍音乐：

准备：身体转向一点方向，直立；右脚向后放在把杆上呈45度；左手扶把杆，右手在芭蕾三位手。

（1）1~4拍：后压腿；5~8拍：还原。

（2）重复一次前面的动作。

3）第三部分（小踢腿）练习动作

这部分主要是以训练脚背及脚腕的爆发力为目的，也是为大踢腿做准备的。动作要求：重心放在主力脚上，经过一位脚踢出去，到达25度左右的高度，将全部力量都集中在动力脚上，回来时，脚尖经过点地、一位脚收回。关注要点：在做小踢腿时，要经过擦地的动作。

◎小踢腿组合练习：4/4拍音乐。

◎动作步骤：

（1）小踢腿准备：左手扶把杆，右手一位，脚一位，头看两点方向。

准备拍：1~4拍：右手二位。5~8拍：右手七位。

（2）1~4拍：右脚向旁擦地，离地，头看一点方向。5~8拍：脚点地，收回。重复一次前面的动作。

（3）1~4拍：右脚向前擦地、离地，头看两点方向。5~8拍：脚点地，收回。重复一次前面的动作。

（4）1~4拍：右脚向旁擦地、离地，头看一点方向。5~8拍：脚点地，收回。重复一次前面的动作。

（5）1~4拍：右脚向后擦地、离地，头看两点方向。5~8拍：脚点地，收回。

（6）1~4拍：右脚向后擦地、离地，头看两点方向。5~8拍：脚点地，收回，左后转体，右手扶把，左手二位。

（7）1~4拍：左脚向旁擦地、离地，头看一点方向。5~8拍：脚点地，收回。重复一次前面的动作。

（8）1~4拍：左脚向前擦地、离地，头看两点方向。5~8拍：脚点地，收回。重复一次前面的动作。

（9）1~4拍：左脚向旁擦地、离地，头看一点方向。5~8拍：脚点地，收回。重复一次前面的动作。

（10）1~4拍：左脚向后擦地、离地，头看两点方向。5~8拍：脚点地，收回。重复一次前面的动作。

（11）1~4拍：呼吸，收一位手，头看两点方向。

4）第四部分（大踢腿）练习动作

这部分主要是训练腿的外开度与肌肉的力量，为芭蕾动作中的大跳做准备。动作要求：经过擦地的过程踢出去，到达90度以上的高度，经过点地、擦地的过程，然后收回。可进行前、旁、后练习。关注要点：在踢腿时背部挺直。落地时，脚尖要轻轻地触地，在脚尖着地时，注意身体重心的稳定性。

◎大踢腿组合练习：4/4音乐。

◎动作步骤：

前踢腿准备：左手扶把，右手一位手，右脚一位脚。

准备拍：八拍。

（1）1～4拍：停。5～8拍：右手二位手至七位手。

（2）1～2拍：右脚前踢腿90度以上；3～4拍：右脚前点地；5～6拍：收前一位；7～8拍：停。

（3）重复上面（2）的动作。

旁踢腿准备：双手扶把，脚站一位。

准备拍：八拍。

（1）1～8拍：停。

（2）1～2拍：右脚旁踢腿90度以上；3～4拍：右脚落旁、点地；5～6拍：收前一位；7～8拍：停。

（3）重复上面（2）的动作。

后踢腿准备：双手扶把，脚站一位。

准备拍：八拍。

（1）1～8拍：停。

（2）1～2拍：右脚后踢腿90度以上；3～4拍：右脚后点地；5～6拍：收前一位；7～8拍：停。

（3）重复上面（2）的动作。

图6-1为部分把杆组合练习动作。

| 擦地 | 把杆压腿 | 大踢腿（1） | 大踢腿（2） |

图6-1 部分把杆组合练习动作

3．中间练习动作

1）一跳（小跳）练习动作

一跳（一位、二位）主要训练腿部的弹跳能力、肌肉的柔韧性，以及腿部的力量和灵活性。基本动作：半蹲；脚跟推脚背，推地有弹性地跳起；在空中绷脚尖，落地时，先前脚掌着地，再全脚落地；接着半蹲，然后身体直立。要点：做小跳时，动作要轻盈，不要僵硬、呆板；在空中时，膝盖、脚背、脚尖都要绷直；落地时半蹲，动作柔和。

（1）小跳组合练习：4/4拍音乐。

（2）动作步骤：

① 一位小跳。准备：小八字位，一位手。准备拍：8拍。

小跳4个，1~4拍；半蹲再缓慢直立，5~8拍；以上动作重复4个8拍。

② 二位小跳。准备：一位手，一位脚。准备拍：8拍。

停，1~4拍；右脚旁擦地，呈二位脚，二位到七位手，5~8拍；小跳4个，1~4拍；半蹲再缓慢直立，5~8拍；以上动作重复4个8拍。

2）二跳（中跳）练习动作

二跳主要训练腿部的爆发力、弹跳力，强化手在跳跃中的辅助作用。基本动作：与小跳一样，只是幅度更大，跳得更高，七位手辅助。要点：起跳时，爆发力要足够，其他与小跳要点相同。

（1）中跳组合练习：4/4拍音乐。准备：面对一点方向，小八字位，一位手。准备拍：8拍。

（2）动作步骤：

① 停，1~4拍；右脚旁擦地呈二位脚，一位手到二位手再到七位手，5~8拍。

② 双手打开到七位手，半蹲，1~4拍；起跳，5~6拍；半蹲再缓慢直立，7~8拍。

③ 连续重复以上动作。

4．结束练习动作

这部分主要由脚的倒步，身体、头部的摇摆动作构成，以训练全身协调性及重心移动的稳定性。基本动作：右脚后五位脚准备，在左脚蹲的同时，右脚向旁踢出25度，重心移到右脚，蹲，同时左脚收成后包脚的位置；左脚收后五位半脚掌，伸直膝盖，右脚绷脚尖，使得脚尖垂直，稍微离开地面；右脚落前脚，蹲，左脚向旁踢出25度。可左、右脚交替反复练习，熟练掌握这一动作。

（1）结束动作组合练习：3/4拍音乐。准备：面对一点方向，双手呈七位手，右脚呈后五位脚。准备拍：6拍。

（2）动作步骤：

① 在左脚蹲的同时，右脚向旁踢出25度，1拍；重心移到右脚，在右脚蹲的同时，左脚向旁踢出25度，重心移到左脚，2拍。

② 在左脚蹲的同时，右脚向旁边点地，重心右移，直立，左脚绷脚，3拍；左脚向后划圈，点地，3拍。

③ 向前下半腰，3拍；直起腰，3拍。

芭蕾舞的动作组合十分优美、高雅，其中的动作还有很多，在这里不一一介绍。空乘学员可以根据上述基本动作进行练习，并在专业指导老师的指导与带领下，进行有序和持续的芭蕾舞训练，注意每个动作的规范性、连贯性和安全性，在舞蹈节奏中健美塑形，感受舞蹈和音乐的魅力。

二、瑜伽健美塑形训练

1. 什么是瑜伽

瑜伽（Yoga），最初是从梵语词汇"yug"或"yuj"演变而来的，代表"和谐""一致""结合"。瑜伽追求身体与心灵的合一，通过调身的体位法、调息的呼吸法、调心的冥想法等，净化个人的心灵，发掘与释放个人的潜意识，调节与改善生理、心理、精神状态，从而调养身心。现代人练习的瑜伽主要是一种修身养性的手段或方式，训练身体的平衡度、耐力，进行心理调节等，在健身、调心、养神中塑造形体。

2. 瑜伽练习的基本动作

1）山立功

山立功能够放松脊柱，让脊柱回到正常的曲度，以保持身体的平衡，改善血液循环。如果颈椎、腰椎有问题，那么这个动作能够起到很好的康复作用。注意，在刚开始练习时，最好借助墙壁。如果束发髻，则可将其移至一侧或头顶。

（1）脊柱中立位。动作：背靠墙壁站立，腰和墙壁的距离为2～3指；过度向前或向后说明骨盆没有垂直。同时打开肩膀，双肩后绕半圈，下沉，双手沿身体两侧中线温和、坚定地垂下。如果做不到，就将双脚分开，脚尖和膝盖保持一个方向，双膝间的距离为一个横着的拳头。闭上眼睛，感觉身体仍能稳定站立（做不到时，可以睁开眼睛）。体会自己的每次呼吸，感觉在呼吸之间与周围的环境融为一体。

（2）骨盆中立位。动作：背靠墙壁站立，脚跟、小腿、臀部、双肩及后脑枕骨都要贴紧墙壁。双脚并拢，感觉全身的重量均匀地放在双脚上；脚趾、脚掌、脚跟紧贴地面，足弓拱起。双腿肌肉从前侧开始沿外侧向后收紧，感觉双膝向上提。臀部向上、向内收，体会尾骨扣进身体里的感觉。每次呼气时，肚脐贴向脊柱。双手拇指和其余四指呈90度角，将虎口卡在肋骨上，向下滑。虎口接触的第一块硬骨就是髂骨。保持示指和拇指的夹角，反转手，将整个手掌贴在髂骨上。顺势下滑，双手掌根贴着髂骨，中指指尖对着的地方就是耻骨。注意调整身体，使中指指尖垂直于地面。

2）怪异式

怪异式主要是下蹲动作，有益于身体健康和促进血液循环。下蹲时，腹部、臀部和腿部等身体部位的肌肉都得到了极大限度的挤压，下肢血液更快地回流到心脏，促进血液循环，增加肺活量。怪异式也是很好的减脂练习动作。

动作：按山立功的姿势站好，双脚并拢（双脚也可分开，与髂骨同宽或与肩同宽），抬起双臂，掌心向下前平举。保持正常呼吸，呼气时下蹲，同时踮起脚尖，直到大腿和地面平行，保持背部挺直，并坚持6～12秒。吸气时，有控制地站起来，同时脚跟落地，回到山立功站姿。

3）弦月式

这个动作主要增强脊柱的灵活性与弹性，消除手臂和腰侧的赘肉，纤体塑形，挺拔身姿，使肢体动作变得更加优雅和柔和，身体的平衡能力更强。初学者最好背靠墙壁进行练习，以取得较好的练习效果。

动作：按山立功的姿势站好，双手合掌于胸前；吸气，然后向上伸展。手指向上，双臂要尽量放在耳后。呼气时，注意两髋保持在同一高度，骨盆垂直于地面。眼睛向右斜上方看，身体向左侧弯曲。坚决杜绝一只脚承重，而另一只脚无法保持平衡的情况。保持手臂的挺拔与伸展，拇指始终贴着墙，双腿站稳。吸气时，身体回到正中；呼气时，身体向右侧弯。每侧重复练习3~6次。将合掌的双手沿身体前侧中线慢慢放下，掌心向下，压放至肚脐前。最后将双手分开放归体侧。

4）肩部旋转功

这个动作可以扩展胸部，放松两肩的关节，具有增强背部肌肉力量的作用，特别是可以有效放松两肩胛骨周围的区域，消除肩背部的紧张，舒缓颈部僵硬。

动作：按山立功的姿势站好，双臂侧平举，掌心向上，屈双肘，十指轻触肩头。以肩关节为支点，两上臂在体侧画小圆圈，并体会肩、手臂、上背部肌肉的伸展。圆圈越画越大，直到双肘在胸前相触。旋转12圈后，反方向进行练习。手指仍然放在肩头，上臂与地面平行。吸气，上抬双臂，双手手背在脑后相触。呼气，双肩下沉，但颈椎仍向上伸展。重复练习6~12次（初学者可以借助墙壁完成这个动作）。上臂恢复至与地面平行，手指仍然放在肩头。吸气时打开双肩，双肘尽量向两侧后方打开，扩展胸膛。呼气，双臂向前，双肘在体前相触（可以重复练习6~12次）。吸气，上臂在体侧平举。呼气，掌心向下，双手放下。深呼吸，感觉到体内的紧张及压力此刻都从肩背部和双臂慢慢地释放出去了。

5）颈功

这个动作主要让颈部肌肉、韧带得到按摩和拉伸，畅通肩部以上部位的气血，消除紧张情绪，清爽大脑；经常练习还有助于美颜。如果颈椎有问题，则在动作中保证肌肉稍有感觉即可，在练习时如有不适，只做山立功，提拔头颈即可，不可勉强进行练习。

动作：按山立功姿势站好，保证背部挺直，双肩放松。呼气，慢慢向前低头，让下巴尽量接近锁骨，感觉颈后侧肌肉的伸展。保持舌抵上颚，闭口，用鼻子呼吸。吸气时，慢慢抬起头，下巴平行于地面，感觉头顶向上伸展。有控制地向后仰头，感觉颈前侧肌肉的伸展，后脑尽量接近脊柱。呼气，头部慢慢回到正中。重复练习8~10次。注意动作的连续性，每次头部回到正中时，都适度伸直颈部。动作分解：向下、回正中、稍伸展，向后、回正中、稍伸展；保持双肩放松，背部挺直。

6）腰部转动功

这个动作主要放松脊柱、背部的肌肉群，矫正各种不良体态，缓解腰部、髋部的僵硬，减少此处的赘肉。同时能够按摩内脏、消除胀气、改善便秘等。

动作：按山立功姿势站好，双脚分开，脚尖稍向外，与肩同宽，双臂侧平举。深吸气，呼气时，在肚脐的带动下身体转向右侧。膝盖始终指向脚趾方向，不要转动大腿骨与膝盖，只转动髋部、腰背，保护膝关节，增强练习效果。当转到极限时，屈双肘，左手放在右肩上；右手掌心向外放在左髋上；眼睛看向右肩外，深呼吸。每次呼气，都可加强扭转的力度。吸气时，打开肘关节，双臂恢复至与地面平行，慢慢地转动身体，回正前方。呼气，向左侧转动身体，左手掌心向外放在右髋上，右手掌心向内放在左肩上，深呼吸。保持手臂侧平举，仔细地体会腰腹肌肉的伸展及收缩。吸气时，身体回到正中。呼气时，双臂自体侧放下，回到山立功的站姿。重复练习4~6次。

3. 瑜伽练习注意事项

（1）不可随意练习，要先了解自己的身体情况，避免身体难以支撑动作。

（2）掌握动作幅度，慢慢地增加动作难度，不可急进。

（3）要注意加强身体耐力，多做伸展动作，增加韧带和肌肉的弹性。

（4）切记不可死记硬背动作，做动作时不带情绪。

（5）不能认为只有流汗多才可减肥，过分消耗体力不是瑜伽的正确练习方式，瑜伽的目的是调理和养生。

（6）避免走入瑜伽练习的误区。瑜伽训练的方法五花八门，切不可盲目跟风，一定要找到适合自己身体情况的真正的瑜伽练习方法。

三、有氧运动健美塑形训练

1. 慢跑

慢跑是常见的有氧运动项目，可以舒缓身心，缓解紧张的情绪和焦虑的心情，还可以瘦身，提高血液含氧量，增强耐力。建议每周慢跑3~4次，每次30~60分钟。

2. 游泳

游泳也是很好的有氧运动项目，是比较理想的锻炼项目。在水中运动，热量消耗大，有非常好的减肥、健身效果，还可改善心肺功能。但要注意，游泳的时间不宜过长，每次40~60分钟，每周3~4次即可。

3. 登山

登山也是比较好的有氧运动项目，可增强个人的耐力和心肺功能。根据个人的身体情况，选择高200~500米的山坡进行登山练习，注意登山的速度要适中，不能过于疲劳。

4. 跳绳

跳绳是一项极为简单且锻炼效果极佳的综合性身体锻炼项目，可以锻炼身体与四肢的协调性、弹跳性。可以持续练习，如分成10次，每次跳绳100个，中间稍微停顿。

5. 注意事项

（1）运动适量，循序渐进，不可过度疲劳，并避免身体受伤。

（2）注意采取正确的练习方式，一次练个够的想法不可取，要注意体力消耗。

（3）运动后要注意身体的恢复过程，避免肌肉疲劳和酸痛。

(4)合理安排锻炼时间及运动负荷。
(5)运动后要注意补水、洗澡、通过膳食补充营养。
(6)关注防晒和护肤,运动后应做好面部皮肤的护理。

知识拓展

健康的标准

健康是指一个人在身体、精神和活动等方面都处于良好有序的状态。传统健康观是无病的健康,现代健康观是身心的全方位健康。世界卫生组织指出,健康不仅包括一个人在身体上没有疾病或虚弱,还包括生理、心理及交往行为中的完好状态。按照现代的健康要求,健康主要包括身体健康、心理健康、道德健康、行为健康等。健康不仅是人生的首要财富,也是人类生存的基本权利。相关专业人士倡导的健康标准如下。

- 乐观的心态,积极向上的精神风貌;
- 良好的身体状况,充沛的精力;
- 从容应对生活中的压力,理智地面对生活中的困难;
- 应变能力强,有承担责任的意识;
- 有一定自律性,工作、学习能力强;
- 动作协调,体重正常,不过度肥胖;
- 喜欢运动和健身,睡眠质量良好;
- 牙齿清洁,头发有光泽;
- 面部肤色正常,皮肤富有弹性;
- 抗压能力强,心态良好,对未来生活充满希望等。

第三节 控制体重和保持形体美

体重也是衡量一个人健康状况的标准之一。通常,人体美意味着身高与体重之间的一种平衡,如果身高、体重不协调,两者严重失衡,就难有形体美,如体型过胖或过瘦。本节主要阐述控制体重、减肥及保持形体美等内容,希望空乘学员能够关注自己的正常体重和保持形体美。

一、体重的控制

1. 标准体重测量方法

世界卫生组织推荐的标准体重测量方法如下。
女性标准体重(千克)= [身高(厘米)− 70] × 60%。

男性标准体重（千克）=［身高（厘米）- 80］× 70%。

标准体重加减 10% 为正常体重。标准体重加减 10%~20% 为体重过重或过轻。标准体重加减 20% 以上为身体肥胖或消瘦。

2．如何控制自己的体重

1）合理饮食

"管住嘴，迈开腿"正是保持健康和控制体重的必要方法。"管住嘴"并不是不吃东西，而是不能随心所欲、不加控制地胡乱吃东西。假如对自己的饮食不加控制，想怎么吃就怎么吃，长期饮食搭配不均衡、不合理，就可能导致营养不良、消瘦、肥胖等；特别是经常吃一些高油、高脂的油炸食品，或者辛辣刺激的食品、加工食品等，不仅会给自己的身体带来代谢方面的负担，而且难以保障身体对营养的吸收，不利于身体健康。

因此，要合理地搭配一日三餐的饮食，讲求荤素皆食，凉拌菜、汤菜、炒菜、炖菜等各种做法的菜都要吃一些，而非只吃荤，也不可只吃素，并注意水果、牛奶等营养补充。

2）加强锻炼

要想使自己的体重保持正常，不超标也不失衡，除了注意饮食，还要加强体育锻炼，保持良好的健身习惯。跑步、游泳、跳绳等都是当代倡导的有益的运动方式，当然打球、跳健美操等也是很好的身体锻炼方法，既可以强身健体，保持身材苗条，也可以激活皮肤细胞，让皮肤更加紧实和细腻，健身与美容一举两得。

前面介绍的芭蕾舞、瑜伽与体育锻炼也可以很好地结合起来，多项并举，相得益彰，让身体得到充分锻炼和调节。

3）调节心情

合理饮食和加强锻炼都是比较好理解的，但是提到心情与体重之间的关系，或许很多人不太理解。试想一下，当人们心情不好时，常常要么茶饭不思，要么猛吃猛喝，通过食物发泄情绪。另外，当心情很好时，人们会呼朋唤友聚餐，餐桌上更是不加控制，不停地吃东西。无论是不吃还是猛吃，都说明心情对饮食的影响是不容忽视的。

总之，心情不好时，不要拿食物发泄或出气；心情太好时，也不能大吃大喝，关键是学会调节自己的心情，保持良好的情绪状态，不让食物成为心情的发泄工具。

二、避免不当减肥

"减肥"大家都不陌生。通常，现代人减肥有五种手段：一是到健身房锻炼；二是早晚在小区跑步、打球、跳绳等；三是每天习惯性地遛弯、慢走健身；四是整天忙碌的人或缺乏体育锻炼意识的人选择吃减肥药、抽脂等医疗方法减肥；五是节食，不吃主食，只吃蔬果、喝牛奶，或者只吃素食。前三种减肥手段都是正常的，而后两种减肥手段有待商榷。吃减肥药，盲目抽脂，为了减肥而不当饮食等，且不说能不能真正减肥，就说对于身体健康的影响,也是不值得提倡的。加强锻炼和合理饮食是最值得坚守的有益做法。

三、保持形体美

保持形体美需要建立长期的个人形象理念,并且分解到一言一行中。美妙的身段和优雅的姿态是空乘形象的重要元素,这也是强调空乘学员形体美的原因所在。要保持形体美,首先,要有形体美的习惯举止,站、坐有形,步态有力,不随意歪身斜肩,行走时抬首挺胸,保持挺拔的身姿。其次,克服随意性,如对待健美塑形不认真,不按照专业指导老师的要求去做等。再次,不可上课一个样,下课又一个样。形体美的保持也需要始终如一的坚持,无论春夏秋冬、严寒酷暑,都要有坚定的形体美信念,抛弃懒惰思想,进行持续的健美塑形训练,这样才能长期保持形体美。

第四节 空乘仪态美

空乘仪态美也是形体美中不可或缺的重要环节,是建立在形体匀称、动作协调基础上的一种姿态美展示。仪态是指一个人在静止或活动中所表现出来的身体姿势和举止神情,能突出反映一个人的气质和风度。仪态美、动作美、举止美,其实都离不开形体美。健美的形体、端庄的仪态,还可以反映一个人的心理健康,是一种精神面貌的展现。

一、站姿美

站姿是一个人站立的姿势,它是人们平时采用的一种静态的身体造型,也是其他动态身体造型的基础和起点。"站如松,坐如钟"是中国传统的形象标准。人们在描述一个人生机勃勃、充满活力的时候,经常使用"身姿挺拔"这类词语。站姿是衡量一个人外表乃至精神状态的重要标准,可从中看出一个人的品质修养及健康状况。

1. 站姿标准

(1)头正。双眼平视前方,嘴微闭,收颌梗颈,表情自然,稍带微笑。

(2)肩平。双肩平正,微微放松,稍向后下沉。

(3)臂垂。女性站立时双臂放松,自然下垂,双手交叉放于肚脐位置上(四指并拢,虎口张开,将右手搭在左手上,拇指叉开)。男性站立时双肩平正,双臂自然下垂,中指对准裤缝,或双手相握于身后(一只手握住另一只手的手腕)。

(4)躯挺。胸部挺起,腹部往内收,腰部正直,臀部向内、向上收紧。

(5)女性站立时,两脚跟相靠,成"V"字形,脚尖展开 45~60 度角,身体重心主要放在脚掌、足弓之上。男性站立时,双脚分开,与肩同宽。

2. 站姿练习

好的站姿能通过学习和训练获得。利用每天空闲的时间练习 20 分钟左右,效果会非常明显。

（1）贴墙直立。背靠着墙站直，背部紧贴墙壁，后脑、双肩、臀部、小腿及脚跟与墙壁紧贴，这样做的目的是让头、肩、臀、腿纵向形成直线。

（2）头顶书本。把书顶在头上行走，不要让它掉下来。这样就会很自然地挺直颈项，收紧下巴，挺胸收腹。

要拥有优美的站姿，就必须养成良好的习惯，长期坚持。站姿优美，身体才会舒展，且有助于保持健康；看起来有精神、有气质，使他人感觉到个人的自我尊重和对他人的尊重；容易引起他人的注意和好感，给面试官留下美好而深刻的印象。

空乘学员站姿演练如图 6-2 所示。

图 6-2 空乘学员站姿演练

二、坐姿美

坐姿是一个人在就座以后身体保持的一种姿势。坐姿是体态美的主要内容之一。对坐姿的要求是"坐如钟"，即坐姿要像钟那样端正、稳重，不能身子歪斜或来回乱动。端正、优美的坐姿会使人产生文雅稳重、自然大方的感觉。

1. 坐姿标准

（1）入座时要轻、稳、缓。走到座位前，从座位的左侧入座，转身后右脚后退半步，然后轻稳地坐下，再把右脚与左脚并齐。如果椅子位置不合适，需要挪动椅子，则应当先把椅子移至合适的位置，然后入座。女性如果着裙装，则应当于坐下之前用手将裙子稍稍整理一下，不要坐下后再拉拽衣裙，那样动作不够优雅。

（2）坐在椅子上，上体自然挺直，头正，表情自然、亲切，目光柔和、平视，嘴微闭，双肩打开，微微下沉，双臂自然弯曲放在膝上，也可以放在椅子或沙发扶手上，掌心向下，双脚平落地面。起身时，右脚先向后退半步，然后站起，从座位的左侧离开。

（3）就座时，男性双腿之间可有一拳的距离，女性应双腿并拢，无空隙。双腿自然弯曲，双脚平落地面，不宜前伸。

（4）就座时，一般应坐在椅子的2/3处，不可坐满椅子，也不要坐在椅子边上，过分前倾；如果坐沙发，则应坐在沙发的1/2处。

（5）如果侧坐，则应该上半身与腿同时转向一侧，面部仍正对正前方，双肩保持平衡。

2．坐姿练习

（1）入座时动作要轻而稳。

（2）在高低不同的椅子、沙发上练习坐姿。

（3）女性可以用一张小纸片夹在双膝间，做到站起、坐下时不掉下。

女性入座后，腿与脚的放置可参考以下三种坐姿。

（1）双腿垂直式。小腿垂直于地面，左脚跟靠定于右脚内侧的中部，双脚之间形成45度左右的夹角，但双脚的脚跟和双膝都应并拢在一起。这种坐姿给人诚恳的印象。

（2）双腿斜放式。双腿并拢后，双脚同时向右侧或左侧斜放，并与地面形成45度左右的夹角。这种坐姿适用于较低的座椅。

（3）双腿叠放式。双膝并拢，小腿前后交叉叠放在一起，自上而下不分开，脚尖不宜跷起。双脚的放置视座椅高矮而定，可以垂放，也可以与地面呈45度角斜放。这种坐姿切勿双手抱膝，穿超短裙者慎用。

三、蹲姿美

空乘人员大方、自然的蹲姿给人一种和蔼可亲的感受，在服务中放低身姿可以赢得旅客高看的目光，收获良好的服务回馈和赞誉。特别是在航班上服务老人、孩子、突发疾病旅客时，空乘人员常常采取蹲姿，在无言中增添关爱，把内心的温暖通过肢体动作传达给服务对象。

1．蹲姿标准

（1）动作轻缓、柔和、得体，不扭捏。

（2）下蹲时，双腿合力支撑住身体，保持平衡。

（3）保持头、胸、臀在一条直线上。

（4）将双腿贴紧，臀部向下，形态自然。

2. 蹲姿练习

（1）交叉式蹲姿。下蹲时右脚在前，左脚在后，右小腿垂直于地面，全脚着地，左膝由后伸向右侧，左脚跟抬起，脚掌着地，臀部向下，身体稍微前倾。

（2）高低式蹲姿。下蹲时，右脚在前，左脚在后，双腿紧靠。右脚着地，小腿基本垂直于地面，右脚脚跟抬起，脚掌着地。左膝低于右膝，左膝内侧靠于右小腿内侧，双腿贴紧。男性双腿与肩平行，等宽分开，臀部向下，以左腿支撑住身体，保持稳定状态。

（3）半跪式蹲姿。左脚平放在地上，左腿自然弯曲，右脚脚尖着地，右脚跟翘起，将臀部重心落在右脚跟上，右膝向下向右打开。双手平放在大腿上，指尖与膝盖对齐，两肘紧贴两肋，上身挺直，目视前方，面部表情自然。

在空乘服务中，通常采取高低式蹲姿或半跪式蹲姿，集体合影时可采用交叉式蹲姿。在练习蹲姿时，要保持标准的下蹲姿势，不要有换腿动作，切不可上身晃动，左右歪斜。

四、行姿美

行姿是站姿的延续，展现了动态的美感。空乘人员端庄、文雅的行姿，楚楚动人的身影，无疑是客舱服务中的一道靓丽风景。在航空公司的面试中，面试官为了测评空乘学员的形象、气质，通常加入行姿方面的考核，如绕面试场地行走，模拟服务场景中的形态举止等。

1. 行姿标准

（1）保持上身挺拔，双肩平稳。

（2）行走时，大腿带动小腿，脚跟先着地。

（3）步伐均匀、流畅，节奏感强，身体不可歪斜。

2. 行姿练习

（1）直身、挺胸，背部、腰部及膝盖不能弯曲。

（2）全身呈一条直线前行，不能左右摇摆。

（3）脚尖向前伸出，不得朝向内、外。

（4）不可摇头、晃肩，保持身体重心稳定。

（5）动作协调、优雅，并配合手势与面部表情。

五、眼神美

人们常说"眼睛是心灵的窗口"，通过一个人的眼神就可以观察其内心世界。空乘人员在服务旅客时，眼神要显得温柔、真诚，带着一定的亲和度，让旅客感受到空乘人员的内心诚意和细腻体贴，切不可横眉冷对，或带着藐视的目光看人，让人不寒而栗。在空乘人员微笑的眼神投向对方的瞬间，空乘人员的细腻周到和礼貌尊重都已经不动声色地表达出来，这样的状态是无法用语言来描绘的，所以说眼神交流是交流的最高境界。

空乘仪态美还有其他一些内涵，如语言彬彬有礼，语气、语速、语调、音量把控得当，不随便说出难听的话，与他人交流时使用礼貌用语，配合恰当的面部表情。手势的配合也要妥当，使用手势时，动作要轻柔，切不可用手指着他人的脸说话，或者做幅度过大的手势，以免碰到身边的人。另外，空乘人员切不可斜肩歪身，女性的手也不要背在身后。

（本章图 6-2 由西安航空职业技术学院提供。）

本章实操

1．通过对本章内容的学习，掌握芭蕾舞、瑜伽练习的基本动作，并加强形体训练。
2．在做好形体训练的基础上，进行站姿、行姿等的练习，关注仪态美的要素。

思考练习题

1．谈谈你对人体美和形体美的认识。
2．形体美的训练方式有哪些？
3．你喜欢芭蕾舞塑形训练方式吗？为什么？
4．你对瑜伽练习有怎样的感受？
5．你喜欢哪些健美塑形的有氧运动？为什么？
6．如何认识空乘仪态美？

第七章
空乘面试形象设计

章前提要

空乘学员只有通过各航空公司的面试选拔，才能真正从事空乘职业。要通过面试，就必须关注自己的面试形象，使自己的形象更符合航空公司的要求，提高面试通过的概率。因此面试形象设计也是空乘学员整体形象设计中不可或缺的一个环节。

本章主要阐述了面试形象的基本要求、面试着装与形体标准、面试妆容设计、面试发型设计及举止形象要素等内容。希望空乘学员能够结合在前几章中学到的形象设计知识，在具备设计能力的基础上，真正做到举一反三、融会贯通，让形象这盏明灯照亮自己的前程。

学习目标

1. 了解面试形象的基本要求。
2. 理解航空公司选拔空乘人员的标准。
3. 掌握面试着装、妆容设计与发型设计的原则。
4. 了解面试中的举止形象要素。

第一节 面试形象的基本要求

一、面试形象简介

面试形象是我们留给面试官的第一印象，因而十分重要，其中包括着装、妆容、发型、微笑等形象元素的展示。应试者从入场到站在面试官面前，面试官会一直关注场上每个人的仪容仪表、举止行为，以判断形象初试的合格与否。在面试中，直观的形象测评是非常关键的考核环节，关系到应试者能否顺利地进入复试。在形象这一关，往往淘汰 2/3 的应试者。应试者的形象考核，或许成败就在一瞬间，因此应当足够重视面试形象设计，并认真对待，绝不可掉以轻心。本节简单介绍面试形象设计，更多面试方面的相关知识及面试考核内容可以参考民航面试的专业书籍。

空乘学员面试场景如图 7-1 所示。

图 7-1 空乘学员面试场景

二、面试形象设计的注意事项

形象设计既是一项专业技能，也是一门艺术，是一项艺术化的技能。我们必然要用艺术化的思维理念来思考形象设计，并关注面试形象设计的注意事项，为面试形象设计提供必要的支撑，拓展设计思路，满足实际需要。

1. 求同存异

每个人都有自己的个性特点，也都有自己不同于他人的面相和身段，一样的化妆技巧、一样的设计艺术、一样的服饰搭配并不能完全呈现出没有差别的个人形象。统一的标准化设计中仍然需要个性化设计。特别是在面试妆容与发型设计上，一定要根据个人面部长短、宽窄及肤色进行合理的设计构思，力求平衡与协调面部五官之间、头部各部位之间及身体上、中、下三部分的比例，取得理想的视觉效果，采用科学性和艺术性的设计，获得个性美。

2. 精神传达

精神传达也就是所谓的民航精神传达，因为面试形象首先是职业形象的诠释，必然代表积极向上、担当有责的民航精神内涵，这是面试形象的灵魂，也是形象价值的载体，否则面试形象就失去了实质性魅力。民航精神在形象中的传达，需要一个长期的学习与培养过程，要通过设计与坚持训练来完善，并在心理素质、综合素养及体能等的训练中得到强化与提升。其中最重要的是用正能量的思维方式构建自己的精神世界，确立有益的价值观和正确的人生目标，并加强知识和技能的学习，展示民航人应有的精神风貌。

3. 和美形态

面试形象设计实际上就是个人形象的再塑造，其目的就是要塑造和美的表现形态，以符合航空公司的审美要求。在这一设计理念的指导下，应试者要充分挖掘面试形象的内涵，体现丰富的美学观念和设计构想，使内容的美和形式的美实现高度统一，达到和美协调的形象状态，彻底释放面试形象所需的亲和力、柔和感、温暖态度等，让设计技能成为面试形象美的"鬼斧神工"。

4. 训练有素

应试者可以用"训练有素"来形容个人良好的仪表形象，展现出神采奕奕、容光焕发、精神抖擞、气宇轩昂的青春样貌。男性相貌堂堂、风度翩翩，女性娴雅靓丽、优雅端庄，这就是面试形象想要取得的设计效果。用合乎规范的操作技能、合情合理的设计执行程序对容貌进行塑造，对仪态进行训练等，达到修边幅、正服饰、端相貌、出风采的形象美化目的。

5. 整洁干净

这是面试形象最起码的要求。一是服装及配饰（丝巾、领带等）平整有形，服装必须经过熨烫整理，没有明显的褶子痕迹；二是头发整洁，使用定型发胶固定发型，无碎发掉落，无乱发散下遮盖面部；三是手部清洁，勤洗手和护理手部皮肤，保持手心、手背及各手指清爽干净，指甲中无污垢，勤剪指甲；四是身体清洁无异味，勤洗澡，勤换内衣内裤，勤换袜子；五是鞋子干净整洁，鞋面没有灰尘，没有异物附着，鞋带系扣正确，鞋子与袜子的颜色搭配合理，如黑皮鞋不可配白袜子等；六是面部清爽干净，做好面部的清洁和美白保养，妆面整洁，清新淡雅，不能出现化妆品堆积的情况，睫毛上不能有明显的睫毛膏堆积，嘴唇不能脱皮和开裂，口红涂抹自然、匀称；七是手表、首饰的佩戴符合航空公司的招聘面试要求，不可违反航空公司的面试规定。

在这里还要强调的是，不鼓励应试者使用香水，这不符合面试场景。日常保持身体各部位清爽整洁，无异味产生，是不需要用香水进行遮掩的。如果身体上有狐臭等情况，则建议及早进行专业医治，不要等到面试时慌神。

6. 时代气息

面试形象设计是时代元素的挖掘与形象符号的统一，因而必然具备时代气息，不能是复古的形象，更不能是超越现实的形象。在进行面试形象设计时，应体现时代风貌，以现实条件下的审美观和接受心理为导向，设计出具有时代气息的面试形象，这样才会受到航空公司的喜爱和欢迎。时代气息无疑是衡量面试形象设计成功与否的关键条件之一。例如，要体现出在校空乘学员的阳光灿烂，就要有青春朝气的面容，多使用清爽的暖色调，而不能化所谓的烟熏妆，或者使用灰暗、沉郁的色彩等。

7. 色彩运用

虽然有的人五官天生就比较端正，但把握不好色彩的运用与搭配要领，也难以取得好的妆面效果，因为每个人的肤色与皮肤细腻程度都不尽相同，所以色彩运用也不能千篇一律。在面试形象设计中，要关注色彩的节奏变化，包括色彩之间的映衬与互补作用，规律性、渐变程度，以及明暗度、色相变化、纯度变化所产生的节奏感等。掌握色彩运用中的节奏变化，就能够对色彩搭配得心应手，既整体和谐，又突出重点。可以在整体形象中选择某种色彩作为主题，突出其表现，用其他色彩作为烘托与对比。例如，在选择服装时，花色不能过于繁杂，并且妆面色彩应与服装协调一致。

8. 视觉印象

在不同的交流背景或交往情境中，人们会对一个人的配饰、发型、妆面浓淡、色彩搭配、服装款式、面料质地、面料厚重感等表现给予特定的关注，形成一定的视觉印象。因此，应试者应关注服装面料的质地和垂感，妆容、发型的高贵典雅，色彩的视觉效果，整体的气质，向面试官传递自己出众、富有感染力的形象设计能力和专业才能，以及对面试的重视和对职业的用心，给航空公司的面试官留下深刻而美好的第一印象。

三、迈好空乘职业的第一步

了解了航空公司选拔人才所采用的面试方法，就不难知道，面试形象设计是空乘职业非常关键的第一步。只有通过面试，才有被航空公司录用的机会，才可能在客舱这方舞台上成就自己的服务艺术。面试的第一关就是对形象的测评与考查，可以说是非常严格与苛刻的，这是由于服务形象是非常重要的。虽然在航空公司的面试中，形象不是考核的全部内容，但如果形象过不了关，其他能力再好，语言表达再流利，英语能力再强，也没有了接下来的展示机会。空乘学员在专业学习和培养服务能力的过程中，一定不能忽略对形象设计这门功课的学习，因为这是走向理想的空乘岗位必须迈好的第一步，也是面试中不可轻视的必要步骤。

面试形象设计既要合乎航空公司招聘空乘人员的标准，又要与面试官产生共鸣。在面试中，为了博得面试官的肯定，每位应试者都要尽自己最大的努力，做到合仪、合礼、合形象标准，这的确不是一件容易的事情。因而更要强调用心设计面试形象，让自己的妆容、服饰、发型和仪态等第一时间给面试官留下良好的印象。

第二节 面试着装与形体标准

一、面试着装简介

良好的面试着装不仅可以美化面试形象，而且有助于衬托出应试者的精神状态。同时，着装也是一种直接的形象语言，可以传达出应试者的生活品位、衣着习惯、日常行为，甚至生活态度，以及对面试的重视程度、职业选择的真实心理等。通常，色彩、款式、质地是着装的三要素。一个人的着装能显示其气质与格调，塑造完美的面试形象。在面试中，着装得体的应试者更能获得面试官的信任与好感。

二、面试着装的要求

1. 面试着装搭配原则

（1）面试着装的色彩、款式不应过于烦琐，通常选用端庄大方的职业套装。女性可穿白衬衫配半身裙（一般航空公司面试要求裙长在膝盖上下3厘米）。

（2）面试着装最好选择深色，如黑色、藏青色、深灰色等。不可选择过浅的颜色，以免影响整体的搭配效果。

（3）根据自己的脸型，挑选合适的衬衫款式。圆脸应选择V领衬衫，尖脸可选择圆领衬衫，这样可以很好地衬托脸型，修饰与协调面部比例。

（4）面试时通常要求穿黑色皮鞋。男性穿黑色皮鞋时应配深色袜子。

（5）女性着装不能过于暴露，不能裸露肩膀及脚趾等，避免穿无袖上装、超短裙、露趾鞋。

（6）航空公司的面试着装要求往往包括不允许穿长筒袜、不允许鞋面有配饰。

（7）女性穿裙子时，应将衬衫下摆整理好放进裙腰里；男性通常应穿西服套装，打领带等。

（8）对于参加安全员考核的双证应试者，一般还有自带运动服和运动鞋的要求。

2. 面试着装注意事项

（1）中规中矩。参加面试的人非常多，面试流程繁杂，竞争激烈。因此，有的应试者为了突显自己，会穿时髦、前卫的服装，想从众人中脱颖而出。其实这是一个极大的误区，航空公司一般更加欣赏中规中矩的正装。

（2）合身。合身是指着装符合应试者的身材和身份。应试者通常希望借助服饰的色彩、款式、质地等来美化自己的形象，因此应试者必须充分了解自己身材的特点，通过服饰的搭配，取得扬长避短的效果。

（3）得体。面试着装不一定要追求名牌，但是一定要大方得体。服饰的色彩、款式要和自己的年龄、气质及所应聘的岗位协调一致。不要为了显得自己很成熟，就打扮得过于老成。

（4）干净整洁。得体的服饰必须保持干净整洁。如果应试者穿着一身满是油渍、汗渍、污渍的服装去面试，就会给面试官留下不好的印象。对自己衣着是否干净都不在乎的人，怎么会有热情为旅客服务呢？保证着装干净整洁是最起码的要求。

（5）平整如新。面试着装必须是熨烫过或没有褶子的。大多数应试者是学生，学校可能没有条件熨服装，不妨把服装用衣架挂起来。只要在存放时留意，服装还是可以保持平整的。

针对应试者的面试着装，有的航空公司还会特别强调，不允许穿着校服参加面试。另外，面试着装不必过分追求昂贵，有一定的质感和挺括感即可。

三、航空公司选拔空乘人员的形体标准

1. 空乘人员选拔的形体要求

航空公司对空乘人员的选拔是一个全面的考核过程，通过由表及里、由外到内的测评与考查方法，对所有应试者执行现场分组面试、单独访谈、综合考评等面试程序和环节。现场分组面试的第一个环节，就是现场面试官观察每个应试者的外在形象条件，包括身材比例、五官协调程度、体态、衣着、肤质、气色，以及站姿、行姿、笑容、肢体动作等，还会测量身高、体重，检查身体裸露部位的疤痕，身上有无狐臭等异味。总体来说，空乘人员选拔的形体要求包括相貌端正、形体优美、仪容整洁、衣着得体、举止优雅、富有朝气。

面试官首先观察应试者的形体美，包括精神状态、气色等，其次从手势动作、鞠躬礼仪、微笑表情、语言表达等一系列姿态举止的表现，以及才艺展示中肢体动作的连贯性上对每位应试者进行整体形象的考核。在复试中，接着测试应试者的内在修养、专业水平、外语能力、反应能力等。可见，面试是入职航空公司的必过关口，而空乘形象美则是面试所有关口中的第一道关口。形体美是形象美不可或缺的组成部分，也是航空公司录用空乘人员必须考查的面试要素。个体的形象美是民航服务人才队伍标准化建设的必要条件，而形体美是形象美的支撑，不可忽视。

2. 空乘人员选拔的形体条件

（1）年龄：18～25 周岁（拥有高学历的应试者年龄会适当放宽）。

（2）女性通常身高：1.63～1.75 米；男性通常身高：1.72～1.85 米。

（3）女性通常体重：（身高-115）×（1-10%）～（身高-115）×（1+5%）千克；男性通常体重：（身高-105）×（1-10%）～（身高-105）×（1+10%）千克。

（4）五官端正、阳光朝气、心理健康、肤色好、外表清秀、身材匀称。

（5）牙齿整洁，无明显异色，无口臭、腋臭、皮肤病。

（6）身体裸露部分无明显疤痕、斑点等，无精神病史及各类慢性病史。

（7）步态自如，动作协调，腿部直立无"X"形或"O"形，走路无内外八字形。

（8）双眼对称，目光有神，无色盲、色弱，单眼未矫正或矫正视力均不低于 C 字视力表 0.5〔空中安全员单眼未矫正视力不低于 C 字视力表 0.7（含）〕。

（9）听力状况符合中国民用航空录用空乘人员的规定。

（10）其他身体健康标准符合中国民用航空局颁布的 CCAR-67FS 体检标准（《中国民用航空人员医学标准和体检合格证管理规则》）的规定。

（11）具体条件符合各航空公司发布的招聘信息。

另外，航空公司在招收具有乘务工作经历的成熟空乘人员时，年龄可有所放宽，通常是 35～42 周岁。

四、航空公司选拔安全员的体能考核标准

1. 一般男性体能测试项目及标准

（1）引体向上（单杠）连续 3 个（含）以上。

（2）双杠臂屈伸 5~7 个。

（3）5×10 米折返跑 55 秒（含）以内。

（4）60 秒仰卧收腹举腿 18 个（含）以上。

（5）3000 米跑 17 分（含）以内。

（6）100 米跑 15.5 秒（含）以内。

（7）立定跳远 2 米（含）以上。

（8）BMI 指数：16~26。

2. 一般女性体能测试项目及标准

（1）60 秒跪姿俯卧撑 10 个（含）以上。

（2）1500 米跑 11 分 40 秒（含）以内。

（3）100 米跑 18.5 秒（含）以内。

（4）60 秒仰卧收腹举腿 16 个（含）以上。

（5）BMI 指数：16~26。

具体测试项目和标准以各航空公司面试安全员的考核要求为准。

通常，航空公司对应试者的体能测试项目有严格的规定，其中一项不合格者视为体能测试不合格，但也有航空公司给应试者一次补考机会。因而在参加体能测试之前，要清楚地了解航空公司公布的考核规则，把握好测试机会。

第三节　面试妆容设计

应聘航空公司，大方得体的妆容搭配干净利落的装扮是十分重要和必要的，这样会让面试官对应试者留下很好的第一印象。本节针对航空公司的形象面试，介绍了空乘学员应该设计怎样的妆容。

一、面试妆容设计简介

女性的面试妆容以淡妆为宜，可对面部肤色、轮廓、眼睛、眉毛、鼻子、嘴唇进行恰当修饰，绝不可浓妆艳抹，也不可过分突显哪个部位，而要本着自然真实、一丝不苟、整体协调的原则进行设计。应做到自然大方、不留痕迹，给人以赏心悦目、清新愉悦的视觉美，有妆似无妆。

男性的面部修饰包括洁净的面部皮肤、整齐的眉毛、干净的鼻子和嘴唇。男性应试者嘴唇上可以涂一层无色唇膏，让嘴唇有一定的润泽感。

二、面试妆容设计技巧

1. 妆容色系首选暖色系

面试最好给人清爽的感觉，因此最好选橘色、粉红色等暖色系，避免使用过于突显个人特色的深色系。暖色系本身就会给人一种温馨洋溢的感觉，不会有压抑感，还会让人产生欢欣和喜悦的感觉，同时可以调节面试现场的气氛。无论是眼影、唇膏还是腮红，都要注意颜色的选择。恰到好处的妆容色系可以让人看起来很有精神，能帮自己赢得亲和力加分。

2. 粉底要通透

面试妆的底妆可以根据肤质来选择。偏油肤质的女性尽量用亚光控油粉底，持妆的同时又能够让妆面看起来不那么油。偏干肤质的女性尽量用水光滋润的粉底，水光感的底妆显得气色很好，皮肤充满水分的样子更显活力十足。需要注意的是粉底要通透，这样才能突显妆容的自然与亲切感。粉底要选择与肤色接近的颜色，不要选择太白或太亮的颜色，否则会给人一种假面般不自然的感觉。涂抹要均匀，不要遗漏眼角、鼻翼、发际、嘴角这些小地方。

要注意，底妆涂抹完毕之后一定要定妆。为保持妆容的持久性，定妆工作要做好，这样才可以最大限度地保持妆容的完整性。

3. 眼妆要有光泽度

（1）眼影尽量选择大地色系，通过眼影刷少量多次刷到眼皮褶皱处。

（2）眼线只需要填满睫毛根部即可，这样显得眼睛炯炯有神，切记不可画太长、太翘的"小尾巴"。

（3）为避免将睫毛刷成"苍蝇腿"，在夹翘睫毛后，只需刷一层睫毛膏打底即可，可通过"Z"字形手法轻轻地均匀刷上。

（4）眼妆要有光泽度，但切记眼妆不可太浓，自然深邃即可。

4. 眉妆要柔和

眉毛的修饰要尽量避开一些看起来特别锋利，有凶相的眉形。在画眉前要修眉，根据自己的眉形刮掉多余的眉毛即可。眉笔要选择与自己发色相近的颜色，若不知如何选择，建议选用灰棕色。为避免成为"蜡笔小新"，画眉时切记不要心急，一定要少量、多次、轻轻勾画。小技巧：为让眉毛更自然，可不勾画眉头位置，用眉刷轻轻扫一下即可。落尾眉、标准眉、小颜眉、一字眉都是看起来比较柔和的眉形，适合面试妆。将眉毛修整干净后，用眉刷沾咖啡色的眉粉画出自然的眉形就可以了。

5. 唇妆要突显自然

唇妆最好正式一些，用普通的全涂法即可，涂口红的时候记得用唇刷勾勒唇线，加强唇妆精致感。面试妆容中，口红是点睛之笔，是最提气色的一环。色号建议选豆沙色、西柚色、干枯玫瑰色，切记不要选择过于浓重的色号，如铁锈红、正红色等。切忌另类的造型方式，否则有可能费力不讨好，引起面试官的反感，弄巧成拙，导致面试失败。

6. 腮红的颜色要协调

腮红可以调整脸型，增强面部轮廓。可以用腮红刷蘸取腮红，少量多次地刷在苹果肌处，使面部显得很有精神。腮红的颜色一定要跟眼影和唇膏的色系保持一致，这样看起来整个妆面会更协调及柔和。

无论是面试妆容还是职业妆容，重点是要符合岗位职业角色需求，体现该岗位的专业形象。

知识拓展

微笑练习

一、微笑的标准

（1）面部表情和蔼可亲，伴随微笑自然地露出6～8颗牙齿，嘴角微微上翘；微笑注重"微"字，笑的幅度不宜过大。

（2）微笑时真诚、甜美、亲切、善意、充满爱心。

（3）口眼结合，嘴唇、眼神含笑。

二、微笑练习的基本步骤

（1）肌肉放松。练习嘴唇周围肌肉的放松，也称"哆来咪"练习法，即按照发音顺序反复训练，把每个音节从低到高大声地进行多次发音训练。

（2）增加弹性。多次练习嘴唇肌肉的收缩与伸张，可以有效地增加嘴唇周围肌肉的弹性，避免肌肉松弛与缺乏生机，使嘴角的移动变得更加自然、协调，嘴角动作富有弹性。

- 进行张嘴、合嘴练习。合上嘴时，注意保持嘴唇水平，嘴角两侧处于拉紧状态。
- 在嘴角拉紧的状态下，慢慢地将嘴唇向中间聚拢，形成一个圆圈。
- 反复练习前面的动作。

（3）微笑姿态。通过相关步骤的训练，逐渐形成面部的微笑姿态，注意在微笑时嘴角不要歪斜，笑容自然，笑姿饱满。

（4）微笑坚持。熟能生巧，在微笑练习中找到并形成适合自己的微笑姿态，并刻意地经常保持这样的微笑姿态，形成自然的面部表情，长期坚持。

（5）笑姿修复。微笑姿态与微笑坚持是一个不断纠正与修复的过程，在反复练习中一点一滴地完善自己的笑容，最终使微笑具有感染力。用心微笑，用情微笑，笑出自然亲和，而不仅仅是一张"面具"笑脸。

　　微笑的魅力不可阻挡。在日常的生活、学习、工作中，请不要吝惜自己的微笑，常保微笑姿态。微笑在先，语言跟随，甜美的一声"您好"，相信无论你身处何处，都会让对方感受到一份美好。同样，当站在面试官面前时，自然大方的微笑立刻就会征服面试官。民航服务就是微笑服务，没有微笑是很难做好以后的乘务工作的。微笑是面试中的礼仪之道，也是航空公司选拔空乘人员的一项确切指标。

第四节　面试发型设计及举止形象要素

一、面试发型设计简介

　　应试者的面试发型设计，除了要与自身的形象相符，还要与自己所应聘的岗位相符，符合所应聘职业的共性要求。空乘面试发型要大方，不要奇异、新潮，头发不能染异色。

1. 女性面试发型要求

　　女性参加面试时，不能留披肩长发，应把头发盘起，在脑后用发网等软性发饰固定头发，并且不能有碎发掉出。女性可以留刘海，建议将刘海修剪到眉毛以上。如果头发挡住眉毛，面试官就会认为你不自信。

　　空乘面试盘发，要以低调为主。一般的盘发类型大致包括发髻、芭蕾、法式。使用隐形发网的发髻盘发及法式盘发，请参照第三章中的盘发步骤。芭蕾盘发，先梳一个马尾，然后旋转缠绕后用发卡固定，加上发网，再加一个发圈式的发饰。盘发的关键在于马尾一定要扎紧，最好用发绳，不要用发圈。盘发时应使用细齿梳，最好不用很宽大的粗齿梳。把头发梳密，扎上马尾。位置在后脑偏上，与耳尖平齐，不要在偏下的位置，否则显得老气，影响应试者的精神、气质和整体形象。其他方面的面试要求，航空公司会特别强调，如参加面试时不准戴假发、不可戴美瞳等。

2. 男性面试发型要求

　　男性的头发比较好打理，如果使用发胶，那么注意出发前一定要用梳子把打结的头发梳开。如果头发过长，那么最好提前几天理发，让自己有个适应的过程。注意，男性不应留长发，也不能留时髦、新潮的发型，更不要剃光头、染发；不能留鬓发，并且头发前不能盖过耳尖，后不能越过衣领，保持发型的整洁和干净。

二、面试中的举止形象要素

　　除了个人直观视觉形象（发型、妆容、服饰、形体），举止形象在面试中也十分重要，如亲和力传递、语言表达、仪态美展现等，这些也是面试形象的考核要素。

1. 亲和力传递

　　空乘工作本身就是一项面对面的对客服务工作，在航班上与旅客直接接触，因此空乘人员的一言一行、一举一动都关乎服务中的形象表达，形象的最终检验者是旅客而不是航空公司。航空公司对空乘形象的具体要求都是建立在服务需要的基础之上的，是为获得旅客满意而提出的，因此航空公司必然对空乘形象的内涵提出进一步的期待，也会在招聘录用空乘人员时客观考核。

需要注意的是，再好的形象设计都离不开相匹配的行为，空乘人员最需要的是表象下的亲和力传递，这一点在面试中十分重要。要抓住面试中的三个关键点：进场时要面带微笑，友好地向所有面试官打招呼，并轻微点头示意；面试过程中，要使用礼貌语言与面试官进行交流，如回答面试官问询时要说"您好"，结束回答时要使用"谢谢"等礼貌用语；退场时也要如进场时那样，与面试官友好而礼貌地告别，示以微笑。无论面试的情况怎样，都要保持优雅和亲切。

2. 语言表达

空乘工作离不开语言表达与沟通，无论是在航班上为旅客提供信息、给出安全提示、供应餐食，还是紧急状况下的特殊处置等，都需要空乘人员具有良好的语言沟通艺术与表达技巧，因而航空公司在选拔空乘人员时，会特别注重考评应试者的语言表达及沟通能力。应试者在参加面试时，要做到语言美，必须把握以下几个方面的要点：一是语音标准。发音标准、规范，吐字清晰，不能含糊不清，发错音、念错字。二是音量适度。声音过大会令人感觉不适，声音过小则难以听清楚，音量的大小要根据面试现场的情况而定。三是语速适中。语速是讲话的快慢。语速太快，表明应试者内心紧张，语速太慢，表明应试者内心不够自信。四是情态配合。如面试表情、手势动作、眼神流露、身体姿势等无声语言，这是乘务工作需要的非语言沟通。五是态度平和。在与面试官交流时，态度一定要诚实、肯定，多用正向词语，避免影响情绪的语言，保持自信和自然的微笑。

3. 仪态美展现

空乘仪态美包括站、坐、行、蹲等各种姿态，以及手势、五官配合的动作和表情等。空乘仪态美决定自身的气质美，如果平时没有良好的仪态训练，即使应试者穿戴周正，妆容讲究，也难以取得理想的面试效果。面试中的仪态美展现还应关注以下几点。

（1）避免在面试时神情紧张或过于严肃，没有一点笑容，目光散乱，缺乏自信。

（2）避免行为举止不当，如过分谦恭、弯腰躬背、双手下意识地揉搓、点头哈腰、吐舌头、翻白眼等一系列不雅动作。

（3）注意在口语表达时，辅助性手势不可过于零碎、频度过高，否则让人觉得滑稽可笑。

（4）避免坐姿不端正，出现摇头晃脑、抖腿、跷二郎腿等下意识的小动作。

（5）在行走时，步态要均匀、轻柔，不可在行走时左顾右盼、低头或与他人说话。

（6）在面试场上，要保持亲和而自信的神情，不可流露出"不屑一顾"的神态，更不能随心所欲，要打起十足的精神，让仪态美得到良好的展现。

三、空乘气质形象要求

航空公司对应试者的优雅举止和气质形象有如下几方面要求。

（1）气质形象。端庄大方，形体上下、左右协调，身体控制能力强，动作有节奏感，反应能力与表现能力到位。

（2）站姿。挺拔、优美、典雅，身体各部位协调性好，看起来柔和，不别扭。

（3）坐姿。稳重、文雅、大方，给人安详与舒适的感觉，不显得过于吃力和生硬。

（4）走姿。步态轻盈，步伐稳健，在停顿、拐弯、侧行、侧后退步等停连结合中，能保持良好的身体姿态，给人整体的美感。

（5）微笑。神态自如，面部表情自然，柔和含蓄，眼神中自然而然地透露出一种亲和力。

四、让形象为面试加分

1. 正确看待面试形象

在众多形象类别中，空乘形象无疑是一道靓丽的风景线。空乘人员的一举一动、一言一行、一颦一笑都充满了无限魅力，成为吸引眼球的职业群体，因而也成为广大青年学子心目中向往的标志性的职业符号。然而，当面对航空公司极其严格的选拔面试时，有的空乘学员会产生思想负担，顾虑重重，生怕自己被别人比下去，甚至个别空乘学员望而却步，不敢走上面试场……对于面试前的种种心理状况，我们可以归结为面试信心的缺失。除了心理因素，也有可能是由于面试准备不到位，包括面试形象准备不到位，从而导致对面试产生恐惧。

面试考核的难度首先体现在对仪容仪表、身高体重等整体形象的考察与测评。在初试中，形象不过关是众多应试者被淘汰的主要原因。要想使自己真正成为航空公司面试官眼中的优秀人才，除了学习专业理论知识，平时训练基本功，掌握必要的形象设计知识与形象美化技巧同样非常关键。努力为自己创造更多面试机会，积极主动地应对面试，让自己的面试形象尽量贴近空乘职业的服务形象。

2. 让面试形象为自己加分

将要参加面试的空乘学员必须拥有良好的整体形象，以应对面试考核时的严格筛选。通常航空公司发布的招聘信息中会对应试者的形象有所要求，如服装与配饰、发型及妆容等的具体规定。如果平时训练有素，已经掌握了个人的形象设计技巧，关注了形象的整体美化艺术，就能够对面试形象设计得心应手，而不至于手忙脚乱，找不到个人形象的立足点。其实，从航空公司对应试者在着装、妆容、发型等各项细节的要求中，我们也能够或多或少地了解航空公司对应试者形象的关注度，也可体会到空乘面试形象的重要性。

事实上，面试形象设计是空乘学员必须掌握的基础能力之一，因此，除了专业理论知识学习，还要注意面试形象设计原则。一是依照航空公司面试的形象条件要求，设计好自我形象，调和美感；二是理性地看待空乘面试形象，做好每个细节，不可麻痹大意；三是尽量最大限度地贴近空乘形象要求；四是平时多关注化妆技能、发型设计、服饰搭配及形体美训练；五是塑造空乘职业标准形象及姿态美，打动面试官，为面试加分。

（本章图7-1由武汉商贸职业学院提供。）

本章实操

1．根据面试形象设计的内容，用心设计自己的面试形象。
2．按照微笑练习的基本步骤进行多次微笑练习，让自己的微笑符合面试标准。

思考练习题

1．谈谈你对面试形象设计的认识和体会。
2．你对航空公司选拔空乘人员的严格的形象标准有何看法？
3．你对航空公司采取面试的方式选拔空乘人员有何看法？
4．谈谈你对面试着装、妆容设计、发型设计及举止形象要素的理解。
5．你打算怎样设计自己的面试形象？采取的具体措施有哪些？

第八章

空乘职业形象诠释

章前提要

空乘形象设计是对个体整体形象的设计，而不是对单独某个部位的塑造，通过对一个人直观视觉形象的艺术设计，烘托与表达内在的精神气质，包括综合素质与心理状态；同时适当调整与改变不恰当的自我认知、缺乏自信等情况，在美化原有形象的同时，在一定程度上改善和提升气质，为将来的空乘工作做好相关准备。空乘形象设计不仅要展现美好的外观形象，更重要的是体现出职业精神的内涵，是空乘人员知识、文化、修养、素质的聚焦与呈现，包括对理想事业的追求、人生目标的确立等丰富内容。

本章重点阐述职业形象设计目标、职业形象彰显的集体元素、用职业形象诠释服务职责，以及培养个人的审美品位等内容，是对全书内容的总结。希望空乘学员了解与职业形象相关的各种因素，从而更加理性地对待职业形象设计，让自己的形象更加完美和恰到好处，为将来的空乘工作做好准备。

学习目标

1. 理解职业形象设计目标，并尽早关注。
2. 了解形象自信的建立和养成良好的形象保持习惯。
3. 理解空乘职业形象彰显的集体元素。
4. 理解职业形象诠释的服务职责。
5. 积极关注并认真培养个人的审美品位。

第一节 确定职业形象设计目标

目标是行为准则和前行的方向。我们在做任何事情的时候，都不应带有随意性与盲目性，要弄清楚为什么要做，对形象设计的学习也不例外。空乘学员职业形象设计的目标是什么？为什么现在就要做好空乘职业形象设计？本节解读了职业形象设计的目标，让清晰的目标引导我们认真思考与设计形象，造就形象魅力。

一、职业形象的重要性

1. 为什么要关注职业形象

高质量服务是民航业的基础。毫无疑问，航空公司需要彰显高品质形象的人才队伍，要有统一的形象风貌及行为气质呈现。这是航空公司对全体空乘人员的形象要求，是民航运输服务过程中的切实需要，也是航空公司在招聘空乘人员时必不可少的考核内容。职业形象包括内在形象和外在形象，不但要求外在的形体自然、协调，也要求内在的状态高雅、和谐，获得由内到外的统一美感。

空乘职业必然要求空乘人员展现出不可缺少的亲和力、韧性、细腻感、关怀意识、尊重心理等综合素质，而不仅仅是好看或漂亮，因此没有内在形象的美就谈不上外在形象的美。对职业形象的要求是最大限度做好对客服务的真实需求，内外形象俱佳的空乘人员可以令旅客更满意，减少与避免服务过程中的冲突与摩擦，树立航空公司与空乘形象在旅客心目中的地位。空乘职业形象设计与训练也是一个潜移默化、循序渐进的适应与展示过程，要尽早给予关注。

2. 对职业形象职能化的理解

（1）清楚理解空乘工作的具体执行点，做好航班飞行过程中的各项服务。严格按照航空公司对空乘人员的管理规定与要求，为旅客提供有形有礼、知进知让、包容大度、细微灵活的体贴式服务，把航班服务做到位，让旅客满意、公司放心。

（2）明白航班上的对客服务也是民航形象的展示过程，而且是持续性、长期性的全过程。旅客登机、航程服务、旅客下机、延伸服务等一系列的服务环节，都离不开空乘人员良好、友善的服务形象。空乘人员要把航空公司的要求与形象表达、行动执行结合起来，高度一致，在形貌结合的同时，做到心到、眼到、语到、腿到、手到。

（3）把控好对客服务细节，在一个微笑、一个眼神、一步一行中体现出服务的细腻与职业情怀，彰显空乘人员训练有素的职业状态。服务是需要温度的，空乘人员要把民航服务中的人文与关怀意识真正地体现出来，传递出民航服务应有的行业关怀，同时使个人在空乘岗位上永葆职业活力、靓丽形象和优雅气质，收获旅客的赞誉。

二、形象自信的建立

1. 客观看待自己的容貌

要建立对自我形象的信心,首先要客观看待自己的容貌,发现自己与众不同的相貌特点,并且学会使用形象设计的艺术技法,突出优点,弥补缺陷,塑造出自然大方、青春靓丽、成熟稳重的职业形象,不要觉得自己长得不如他人好看,就感觉失意,永远消沉。其次要关注内在气质与素质的修炼,通过读书与学习增长见识,培养人文素养。最后要克服不良的生活习惯,如经常熬夜、吃辛辣刺激的食物等,还要做好面部、颈部、双手与手臂皮肤的保养与护理。形象是一个人的整体行为状态,不仅包括"高颜值",还包括内在素养和精神气质。不仅要让自己容光焕发,充满青春的朝气和活力,更要让自己的一举一动、一行一态都显得有修养,很大气。

2. 在群体美的基础上突出个体美

空乘形象既需要共性,也需要个性,是个体与群体的统一及协调之美。皮肤较好、身材苗条、容貌娇美确实是个人的优势条件,但就整个空乘形象来说,一个人的形象再怎么突出,如果与职业要求的形象不能很好地融合,就会显得有些另类,也就谈不上空乘的形象美了。因此,空乘形象设计要建立在群体美的基础上,在职业形象群体美中突出个体美。

3. 建立集体观念和团队理念

良好的形象表达离不开集体观念和团队理念,因为航空公司的空乘人员不仅归属于专门的乘务管理部门,航班上的工作也是以小组为单位进行的,对客服务是整个乘务组的任务,而非个人的任务。空乘学员应该学会坚持空乘工作的理想,包括自我形象的设计与自信。如果自己目前的综合条件与空乘工作的理想还存在一定的差距,就要抓紧时间学习,迎头赶上。

三、养成良好的形象保持习惯

"冰冻三尺,非一日之寒",要有理想的形象,为将来的空乘工作奠定基础,就要丢掉"临时抱佛脚"的想法,养成良好的形象保持习惯。从入校的第一天起,就要时刻注意用空乘形象替代原来的形象,积极地行动起来设计好自己的当前形象。对于个人的形象设计,绝不能有"三天打鱼,两天晒网"的行为。专业知识的长期积累与综合素养的不断修炼,其目的就是成为一名符合航空公司录用条件的合格的空乘人员,如果因为自己的形象问题而影响了面试的正常发挥,就很有可能影响接下来的面试信心,产生负面的心理情绪。

在接受当下的自己的同时,更要用心地设计个人形象,养成良好的形象保持习惯,珍惜校园时光,在平时的学习生活中,多一些保持形象的用心,注意自己在服装、配饰、发型、妆容上的搭配、协调,还可以请同学、校友或室友协助监督自己平时的形象,提出合理建议。总之，何时何地都不随意破坏形象，树立坚定不移的形象美信念，还要排除心理上的负能量，不被其他因素干扰，如别人的不客观评价、之前的不良形象、生活挫折等。只有放下身心包袱，才能轻松上阵，展示个人的形象风采。

四、职业形象是尊重感的表达

空乘职业的基础是尽心尽力地为旅客服务，基于这一客观现实，我们必须尊重为我们提供空乘工作岗位的被服务者，也就是我们的服务对象——旅客。航班上的所有服务都是人与人之间的当面交流，空乘人员给旅客留下的第一印象就是形象，因此不仅要有服务质量的保证，更要有交往中形象的树立，表情、笑容、举止行为等都可以归纳为整体形象中的具体符号。

被世人誉为"酒店管理之父"的埃尔斯沃思·米尔顿·斯坦特勒提出了"客人总是对的"的精辟论断，我们可以将其理解为对旅客的尊重，既要尊重他们的服务需求，尊重他们的自尊心，更要尊重他们对完美的服务形象的需求。空乘人员在任何时候都要保持正确的形象意识，让形象美在印象美中得到充分诠释。

五、形象设计的目标

以上都是与形象设计目标直接关联的客观要素，因为对空乘学员来说，只有关注个人职业形象，并了解形象的职能化需求，才能建立足够的形象自信，养成良好的形象保持习惯，获得职业形象表达的尊重感，为打造空乘职业形象找到立足点。形象设计的目标实际上就是以职业化的心态为前提，以符合行业要求的形象标准为原则，以严格的训练过程为出发点，以精益求精的形象设计手法为行动指南，在深刻领会形象设计内涵的基础上塑造完美的空乘职业形象，力求在旅客或公众面前树立职业化的得体形象。

✈ 知识拓展

空乘学员技能储备

1. **知识储备**
（1）通过专业课程学习及阅读课外书籍，扩大知识面。
（2）从社会见闻及与他人的广泛交流中学习各种生活、工作常用知识。
（3）强化个人的业余学习意愿，参加培训，提升知识与文化水平。
（4）处处留心，在旅游、拓展及参观、修学中，向他人取长补短，借鉴学习。
（5）保持"空杯心态"，利用一切机会补充专业知识，永葆学习热情。
2. **艺能储备**
（1）中西餐文化：了解与掌握中西餐文化及用餐礼仪。

（2）茶文化：了解红茶、绿茶等常见品种的冲泡方法，知晓各种名茶的冲泡水温。

（3）酒文化：关注中西方饮酒礼仪及名酒鉴赏知识。

（4）语言技巧：培养良好的语言表达能力，掌握沟通技巧，注重语感。

（5）独特技艺：掌握一项才艺，如编织、缝纫、歌舞等。

3. 形象储备

（1）清楚形象设计的内容与步骤，掌握专业的形象设计技巧。

（2）能够熟练而准确地化妆、盘发，快速搭配不同场合的服饰。

（3）平时坚持美容保养、美体训练，保持身心健康。

（4）举止大方，亲和力强，时刻关注自己的内在美和外在美。

第二节 明确职业形象彰显的集体元素

如何理解空乘职业形象设计中"集体元素"的概念呢？所谓集体，是指组织形式下的团体，具有一定的凝聚力及核心价值，有共同的思想理念与经济基础，追求社会利益，有利他精神，并且拥有一定的生产、经营及活动范围。集体分为国家机构性质的团体和社会性质的团体。空乘形象明显带有集体的符号或元素，即有组织核心、有活动范围、有共同的思想理念、有利他精神等，因此一谈到空乘形象，就应想到民航业、航空公司、旅客等关联因素，这也是空乘职业形象彰显的集体元素。本节将对形象设计意识的建立、对集体化形象的理解，以及职业形象的集体化特点进行阐述。

一、形象设计意识的建立

常言道"三分长相，七分打扮"，可见形象设计意识的建立多么重要和必要。对于空乘学员，形象设计不仅关系到个人形象的完美表达，更是对当下自我的肯定与认可，以及对未来的必要信念。个人只有自觉、自愿地关注自己的形象，从内心深处在意自己的形象，渴望有良好的形象，才能真正产生对形象设计的热忱，主动而积极地塑造个人形象，并且愿意一直拥有和呵护自己的形象。这样的形象设计意识也代表空乘学员对空乘形象设计的意义有了比较深刻的理解和认知。

形象设计意识的建立，既是开启空乘形象设计大门的钥匙，也是对空乘形象设计所承载的代表性、服务性、关怀性、尊重性等企业精神，以及共同的思想和利益基础等集体元素的释放。从关注部分到注重整体，从个体化造型到集体化的职业形象设计，既体现了中国形象设计领域的能力飞跃及理念升华，也体现了集体主义精神，而空乘职业形象就是集体形象的一个代表。空乘形象设计也从一个侧面反映出中国的强大和繁荣，以及人们在精神文化层面的高质量追求，更是中国形象走向国际视野的标志之一。腾飞的中国民航业必然要求民航人用开阔的思维迎接未来的发展，迎接国际化带来的新发展机遇，树立完美的服务形象意识，完善形象美艺术，为空乘工作做好必要准备。衣着得体、面容美丽、发型高雅、仪态优雅、端庄大方，以及表情亲切、态度友好、热情待客、礼貌服务……而不是虚假、掩盖或衣着不整、形象不周，这样的形象足以唤起他人对空乘人员的好感，以及对空乘人员所在集体的良好评价。

二、对集体化形象的理解

航空公司是国家统一管理下的众多和庞大的集体之一，像所有的工业、农业、金融业、服务业企业，以及各层国家管理机构等一样，都是有组织形式的、有领导核心的单位团体。其中的每个人都是集体中的一个成员，拥有共同的利益创造和价值意义；拥有共同的活动目的和需要完成的集体任务；拥有一定的活动范围，因而更要拥有在组织严格要求下的统一、规范的集体化形象。

从更高的层面上讲，航空公司是带有国家机构性质的单位团体，还必须关注社会价值和社会利益，关注对社会生产经营、人民生活带来的意义，关注对社会民众产生的影响等，因此空乘形象不是个人遐想的标准，不是无理要求，更不是任意制定的，而是要符合航空公司这一单位团体制定的标准形象要求。空乘形象的设计以完成航空公司的服务任务为出发点，以赢得旅客的满意和赞许为准则，以营造更好的社会口碑为意义，以为公司和国家创造出更大的经济效益为价值，以维护好空乘形象为荣耀。

另外，从人类历史的发展过程来看，劳动与分工的出现，家庭及部落的产生，带来了人类先祖群体化的生存活动方式，并逐渐演变出集体管理模式。集体必然具备高超的管理机能、高水平的合作能力、高素质的专业队伍，并高度团结一致，只有如此，才能体现出集体主义的形式，具有真实的集体含义。作为航空公司这个集体中的一员——空乘人员，其形象也必然是一种集体性质的形象，其形象设计带有明显的集体元素。

三、职业形象的集体化特点

英国杰出的戏剧家和欧洲文艺复兴时期的伟大作家莎士比亚说："即使我们沉默不语，我们的服饰与体态也会泄露我们过去的经历。"形象设计艺术对空乘职业形象具有深远意义，靓丽的形象离不开专业的设计，而空乘形象中的职业化特点，也是专业化要求下的集体化形象展现，是一种集体化的素质形象，更是一种训练有素的技能表现。就空乘职业形象的集体化特点来讲，除了妆容方面的精心设计与修饰，服饰更能展现集体化元素。尽管空乘学员还没有正式从业，但按照空乘制服式样设计出来的校服也能够体现空乘职业形象和气质。另外，发型设计、皮肤养护、身体健康、心理素质等部分也离不开集体化的形象要求。同时，形象也是一种内在素质与外在条件的相互呼应，从而共同构筑空乘人员的形象气质与精神风貌。

实际上，职业形象具有的集体化特点，也是职业文明进步与发展的需要。在科技高速发展的今天，集体化的脚步并没有停止，反而越走越强、越行越远。例如，在新型冠状病毒感染疫情期间，航空公司发挥空中运输优势，空乘人员不惜冒着生命危险执行航班飞行任务，运输医疗物资和医护人员奔赴抗疫前线，接海外留学生回国，援助世界各国的抗疫行动等，展现出训练有素的职业形象，维护了公司和国家形象，表现出强大的向心力。因此，每位空乘学员在任何时候都不可忽视航空公司需要的集体概念和集体行为，包括形象元素的表达。

第三节　个人对职业形象的必要呵护

一、对民航服务的认知

民航服务是一种购买式的服务，是带有消费性质的报酬式服务。旅客通过支出相应数额的金钱购买航班机票，然后根据票面上的日期和班次乘坐民航客机到达要去的城市或中转机场，航空公司是承运方，按照相关的服务程序，保障购买本次航班机票旅客的安全运输。民航服务的相关内容体现在如下几方面。

（1）为旅客提供详细的航班信息，并让旅客了解机票购买、信息咨询、改签及退换票程序、危险品检查、安全秩序维护及目的地送达等服务。

（2）根据航空公司对本次航班服务内容的设定，做好礼仪性的迎送旅客服务，引导旅客安全、有序地乘机，以及告知安全信息；在飞行过程中，为旅客提供机上餐食、饮料和机供品，以及现场可以满足的其他服务，解决旅客在航程中的实际需要。

（3）为"两舱"旅客及VIP旅客提供贵宾服务，彰显品质。

（4）为孕妇、儿童、老人、残疾人等特殊旅客提供特殊服务，体现民航服务的关怀。

（5）做好公共卫生事件发生时的安全运输保障、机舱消毒、旅客的防控与保护措施等。

（6）在特殊情况下处置旅客突发疾病；保护客机设备及飞行安全；在机长的指挥下，有序地执行乘员安全撤离、航班返航、备降等。

（7）为旅客提供中转航班的对接服务，提供航班与酒店信息、城市天气及温度情况、安全告知、广播通知等，方便旅客的出行。

不难看出，空乘工作的过程也是与旅客打交道的过程，从迎接旅客登机，直到送旅客下机，接触的对象是旅客，服务的对象也是旅客。因此，每个环节都离不开良好形象的配合，在旅客面前保持形象一致性。

二、职业形象诠释民航服务

旅客之所以愿意付出比坐汽车和火车等地面交通工具高出许多的费用，选择乘坐飞机出行，不外乎这几个原因：一是节省时间；二是乘坐舒适；三是享受品质服务。一旦航空公司的服务不能让旅客实现这样的乘机愿望，旅客就不会对服务满意，甚至可能投诉，其中也包括对仪表形象方面的投诉。据了解，有人因乘务员留短发、妆容不精致、口红脱落等进行过投诉。还有人在投诉信里写下这样的批评：××航班上的乘务员眉毛画得太重，有失雅观；××乘务员没戴胸牌，工作形象不规范；××头等舱乘务员丝巾佩戴不规范，形象不够标准……

在乘机过程中，旅客也许在服务现场没有当面对空乘形象提出口头上的意见，但这不能完全表明他们没有意见，或者不会关注空乘人员的具形体象。客舱是一个具有特殊性质的公共场所，小客舱大世界，里面聚集了来自天南地北的广大旅客。空乘人员观察旅客是"一对众"，而旅客观察空乘人员是"众对一"，而且在狭小的客舱空间内目光又相对集中。基于这样的实际情况，空乘人员的一举一动、一言一行都会受到旅客的特别注意，尤其仪容仪表的直观形象更容易引起大家的注意。

空乘形象是民航服务的标准化形象体现，因而要完整地表达出民航服务的真实形象，就要做到标准化和规范化，还要做到专业化和细致化，传达应有的尊重感和关怀意识，否则就不是真实的民航服务需要的职业形象，或者说是有失水准的。

如何用职业形象诠释民航服务值得每个人深思。应该知道，设计职业形象的目的并非只是不让旅客有异议，避免招来旅客的投诉，更是我们应当以怎样的职业形象来服务好旅客。

三、自觉维护个人职业形象

民航服务倡导高质量服务和品质化服务：一是要具有良好、周到的服务理念和自觉、主动的服务意识；二是要建立标准化的职业形象和规范化的服务程序；三是要具有专业化的服务技能和展现艺术化的服务方式，这是空乘工作获得旅客信任的必备条件，其中的形象条件必不可少。我们不但要设计好自己的职业形象，更要自觉维护好自己的职业形象，以更好地满足民航服务工作的实际需要和旅客的形象需求。

空乘服务工作极具挑战性，专业性要求极高，必然不同于地面上的岗位。在狭小的客舱内，特别是在远距离、长时间的飞行过程中，旅客被固定在小小的座位上，身处不熟悉的人群中，甚至身处不同肤色、不同语言的人群中，极易在心理及情绪上出现波动。空乘形象的某些缺失很有可能导致个别旅客产生不良的心理反应，严重影响个人的服务形象和航空公司的集体形象。如果在客舱内因空乘形象问题引发矛盾，乘务员把控不及时或不到位，就可能扰乱客舱内的秩序，威胁飞行安全。因此，空乘形象不是小事，不可忽略个人形象中的细节。

作为空乘学员，或者准乘务员，时刻不能忘记自己的身份，不可忘掉形象职责。无论是在校园内还是在其他公共场合，一律不说损害形象的话，更不做损害形象的事，从发型、服饰、妆容及行为上保持自我形象的完整度，建立心理与认知上的形象防线，减少与避免形象问题造成的意想不到的伤害，为将来正式走上空乘岗位打好形象维护的基础。

第四节　用职业形象诠释服务职责

确切地说，空乘职业形象的设计与塑造是提供高质量服务的必要支撑，是做好对客服务的基础条件之一，也是为空乘工作的有序开展而进行的艺术性美化，其目的是满足服务需求、完善服务形象、提升服务质量。因此，空乘职业形象不仅是美化的仪容仪表，也是对服务职责的担当。

一、职业形象也是职责担当

从服务的层面上讲，职业形象是岗位工作的职责担当，因为满足旅客的实际需求是提供满意服务的前提，做好对客服务是空乘人员不可推卸的职责。我们没有理由不用心地设计自己的形象，更没有理由不珍惜自己在旅客面前的形象。同时应清醒地认识到，"妆容设计"体现的是服务者的灵动与靓丽，而不是自我张扬的心理满足。"着装设计"不是穿件制服而已，标准化的职业着装每个细节的内涵都十分丰富，每个符号都代表航空公司的整体形象、服务理念和企业文化。空乘形象不是随意的，也不随个人的喜好而定，而是工作岗位的形象需要，因此要保持妆容、发型与制服的整洁度，内心要怀有对形象的尊重。

如果对空乘职业形象进行更深层次的挖掘，这一形象其实就是安全服务形象，自然包含对民航服务的安全职责担当。在危急状况下，空乘人员在旅客面前表现出的灵活机智、冷静果敢，镇定的精神状态，有效的秩序维护，以及高空中的生命救助，配合机长实施的返航、备降等措施，是稳定旅客情绪、争取最佳救援时间及保障乘员和客机安全的良方，也是全体机组人员应有的使命感和职责担当，更是对乘员生命、航空公司规章和服务职责的高度敬畏。这样的职责内涵无疑增添了空乘职业形象的魅力，展现出职业形象的深层美。

二、空乘职业形象是民航服务的标准配置

无论在任何情况下，空乘人员的端正容貌、得体服饰、整洁发型、大方举止、和蔼态度、得当言语、彬彬有礼都会让人们对其职业产生敬慕，更会让旅客在享受机上服务的同时对其留下美好的印象。无论他们的身影出现在哪里，都是一道靓丽的风景线，也为各航空公司烙上了独特的形象标志，成为品牌形象。可以这样说，空乘职业形象是民航服务的标准配置。空乘人员集体形象及个体形象的好坏，直接关系到旅客对航空公司的待客心理、服务理念、服务态度及服务质量的总体评价，而这种评价不仅关系到空乘人员本身，而且涉及行业及公司总体形象。

空乘职业形象是以集体化的形象呈现的，空乘学员在进行自我形象设计时应想到这一点，在关注个人形象的同时，也要关注民航业和航空公司的形象要求。另外，完美的形象呈现离不开社会经济、时尚美学、消费心理、色彩运用、设计造型，以及管理和应用等诸

多学科的交织与融合，因此不仅要学会形象设计的基本技巧，还要用全新的视角看待现实中的形象设计，让外观的形象美与内在的素质美相结合，使形象设计成为符合自己内在、外在形象和行业或组织标准及文化理念的行为过程，从而展现更加完善的职业形象美，包括标准妆容、标准发型、标准着装、职业涵养、职业文化、职业精神等形象状态，即集体化的职业形象。实际上，对空乘学员来说，在校的专业学习与各种训练，无非是为了让自己的方方面面都朝着空乘人才的选拔条件和考核标准靠近，学习形象设计同样是为了这个职业目标，知其然，才能知其所以然。

三、练好基本功

良好的职业形象塑造需要日积月累的用心，没有坚持，恐怕难以做到细致入微。做任何事情都有一个由浅入深的过程，由初步的理解与认知，到一步一步掌握设计方法，再到细节的不断完善与修正，最终塑造出雅致靓丽的空乘职业形象，印证了循序渐进、熟能生巧的事物发展的常规道理。因此，形象设计的初学者一定不能急于求成或得过且过，应当一步一步地往前走。例如，要弄清楚化妆的基本步骤，化妆品及化妆工具的使用方法，再从局部的化妆开始，知道眉毛如何修形与描画，要注意哪些细节，口红的正确使用及画唇要求，定妆的方法，怎样才能使妆面自然、面部滋润，妆粉不易脱落，等等。在学习教材内容的基础上，依据化妆专业课老师的具体指导，进行化妆技能的学习与练习，并通过个人的努力与用心，熟练地掌握化妆技能，进而掌握空乘职业妆容的设计方法。

为了更好地掌握化妆的基本方法，除了课堂上用心学习与跟随专业课老师练习，还可以在课堂下进行互助式的训练，如同班级、同宿舍或相邻座位的学友在一起练习，互相提出真诚的意见和建议，在形象设计上互相促进，这样既有利于保持良好形象，又有利于在形象设计上快速进步。另外，应加强对自我形象的关注，无论课上课下、校内校外等，都要以得体的妆容、服饰、发型等面对他人。

形象设计这一新的学科理念在空乘专业学习中出现的时间并不长，是从美容、化妆、服装设计等科目中衍生出来的，从大众化设计转移到专业化设计，从局部到整体，塑造出既有集体风格又有个性特色的空乘形象。在前面的章节中，我们分别介绍了妆容、服饰和发型的设计，以及形体的塑造等设计知识与实操练习内容，空乘学员在学习时要注重细节和方法，在理解的基础上设计好个人形象。还要强调的是，设计是以人为本的，是针对个体的灵活运用，每个人的情况不同，不可"照猫画虎"，生搬硬套，适合自己特点的形象设计才是最理想的艺术表达。

第五节 培养个人的审美品位

顾名思义，空乘职业形象设计的定位就是空乘工作所需的职业化形象，因此从开始就要按照职业的形象水准来衡量妆容、服饰、发型、形体的塑造标准，以反映出空乘人员的优雅举止和专业素质，体现出自然大方、和蔼亲切、周到细致的形象理念。说到底，空乘职业形象设计就是希望通过修饰后的形象，让他人对你产生足够的信任与好感，拉近彼此的距离，保持柔和与亲切，适时营造出一种温暖、有人情味的交往氛围。

本节将阐述培养心灵美、思考行为美、关注视觉美、保持姿态美等内容。这些都是空乘职业形象设计及树立中不可缺少的艺术修养、对美的鉴赏力、设计能力所产生的综合效应，是对形象美的感知与觉察，让职业形象呈现出自然美与艺术美的无缝对接。

一、培养心灵美

1. 对心灵美的理解

常言道"相由心生"，也就是说，一个人的外在相貌会受到内心状况或当下心境的影响，进而影响个人对外界事物的看法。人们内心中的喜、怒、哀、乐往往通过面部表情传递给外界，或喜笑颜开、神采飞扬、心平气和，或愁眉苦脸、垂头丧气、无精打采……有什么样的心境就会有什么样的面部表情。在交往中，包括日后的对客服务中，你传递给对方的神、情、气、态会让对方感觉到你是否真诚、尊重，这也决定了你是否能够真正赢得他人的好感。

空乘服务是一种具有特殊性质的人际交往方式，也是一种水平高超的交往艺术。试想，空乘人员在航班上与千千万万名旅客打交道，日复一日地重复着同样的工作，遇到不讲道理的人还可能被恶语相对甚至投诉，如果没有良好的心境为职业形象保驾护航，即使妆容设计得再得体，也难有恰如其分的正确表情。空乘人员一旦出现了不理性的心情或情绪，就会影响个人在服务中的良好形象，即使微笑地面对旅客，也会给人皮笑肉不笑的感觉，情不达心。而一个人的心境如何与其修养不无关系。换言之，大度宽容、处变不惊的心境是个人对心灵美的自觉培养。

海纳百川，有容乃大。心灵美的培养与专业学习一样重要，甚至心灵美可以折射出专业程度。空乘服务是一项带有关怀性质和关爱心理的工作，离不开空乘人员的心灵美要素，更多时候，在空乘人员的服务生涯中，心灵美比专业能力更重要。心灵美包括一个人的包容心、接纳度、谦和心态及柔韧度，甚至包括职责意识、服从意愿和尊重感等。看得开、行得正，不诋毁、不打压，用自己的宽宏大量赢得他人的掌声和尊重，释放人格魅力，让自己在岗位工作和家庭生活中取得一个又一个成功。

2. 心灵美的培养方法

心灵美是为人处事时表现出来的包容与理解、善良与理性、宽宏与大度，更是一种积极向上的正能量行为。培养心灵美可以借助如下方法。

1）让自己拥有正能量

（1）要客观地看待自己，包括自己的学习成绩、优缺点、身材和长相等自然条件，接受眼前的这个自己。"人非圣贤，孰能无过"，人都有优点和缺点，要看清优点是什么优点，缺点又是哪些缺点。对将来的空乘工作有帮助的优点一定要好好利用，会损害形象的明显缺点也应尽早克服。

（2）坚定信心，多挖掘自己的长处，不与他人相比。因为每个人的家庭情况、成长环境、生活条件，以及自身的高矮胖瘦都不可能完全一样，所以没必要各种比较。

（3）不要被缺点吓倒，更不能被优点迷惑。有的空乘学员觉得自己的身材和长相比别人更胜一筹，一定能获得航空公司的青睐；自己的学历比别人高，学的专业知识比别人多，就可以高枕无忧了……被自己当成制胜法宝的优点并不一定都能得到想要的结果，应尽力改正缺点，更全面地培养自己的优点，并对自己的优点有正确的认识。

（4）远离负能量的人和事。生活中有些人总是看什么都不顺眼，说的都是消极的话，做的都是损人不利己的事。遇到这样的人，如果无法劝导，就一定要远离，不能受其影响，更不能与其同流合污。自己不要有负能量的想法和做法，还要尽力排除外界的负能量干扰，多和识大体、顾大局、敢担当、有正能量的人交往，避开身边不良的人及环境的影响。

（5）主动发现生活中的美。要以积极的想法看待身边的人和事，主动发现生活中的美，如美好的自然景观、美好的人生故事、美好的家庭关爱、美好的同学互助、美好的朋友相处、美好的知识汲取、美好的校园学习时光等。

（6）多看一些正能量的有益书籍，多向社会上的好人好事学习，从英雄的身上获取正能量的必要元素。学会关心和帮助他人，尊老爱幼，团结互助，与同学、同事、亲友等一起克服生活、学习或工作中的困难，共同进步，并从中获得快乐，滋养自己的心灵。

2）宽容、和善地对待他人

（1）宽以待人，严于律己。在与他人的交往中要做到宽宏大量，凡事不与他人斤斤计较，不小肚鸡肠，时时谦让和礼貌回应。你对他人的宽容和善待定会让对方感受到你内心的尊重，你也会受到他人的爱戴。宽容他人，成就自己。

（2）金无足赤，人无完人。每个人都有自己的长处和短处，因而我们要学会包容他人的短处，以同理心接受身边的每个人，包括我们的老师、同学和将来的同事，甚至航班上的每位旅客朋友。与大家友好相处，而不是我行我素，善待他人其实就是善待自己。

（3）取他之长，补己之短。要善于发现他人身上的长处，更要时时审视自己身上的不足，放低姿态，虚心好学。不要觉得他人一无是处，什么都不如自己；或者觉得他人比自己强，就采取不正当的方式嘲笑讽刺他人，故意打击他人的积极性。尺有所短，寸有所长，任何人都有长处和短处，不去挖苦他人的短处，方显自己的风度。

（4）你敬人一尺，人敬你一丈。在社会交往中，要怀着尊重他人的心态，宽容、和善地对待他人，克服狭隘的意识，去除容不下他人的唯我独尊的非理性想法。一个人的成就和他拥有的气度和尊重感是分不开的，心胸宽广、懂得谦让宽容的人与小肚鸡肠、凡事计较的人相比，前者更能赢得他人的信任，受到他人的尊敬和爱戴。

3）用正确的方式处理问题

在漫长的人生中，我们在生活、学习或工作中难免遇到各种困难，大大小小的矛盾或冲突也无法避免，关键是当遇到这些情况时，要以怎样的心态来对待，使用怎样的方式来处理与解决，才不给自己留下后患。首先，要有战胜困难的决心和毅力；其次，要用积极有效的沟通方法平息矛盾；最后，不能抱着以牙还牙的不理智态度，故意伤害对方的名誉或身心，这样会使事态恶化，也不符合心灵美的要求。

如果在工作、学习或生活中出现了不尽如人意的事，要客观地分析前因后果，与亲人或好友商量，找到解决问题的办法，绝不可封闭内心，随波逐流。在别人误解自己，或者有意伤害自己的情况下，不能用过激的方式来解决，而要冷静地面对，根据具体情节采取措施，必要时可以拿起法律武器保护自己。凡事要考虑清楚什么才是正确的选择，如何做才可能出现有益的结果，而不是以自私自利或狭隘的认知来对待自己和他人。更不能遇到一点小问题就心情混乱、情绪反常、借题发挥，这样做不利于心灵成长。

总之，人们的心性既有先天的遗传因素，也有后天的塑造因素，而心灵美离不开后天的培养和完善。正向的行为、善良的品格、宽容的心性、谦和的尊重，配以端庄的服饰和协调的妆容，成就了空乘形象美。空乘学员要关注对心灵美的培养，用美丽的心灵滋养青春的面容，用青春靓丽的形象彰显空乘风采，用春风般的温暖形象照亮自己的人生。

二、思考行为美

1. 对行为美的理解

这里的行为美可以看作美的行为，即一个人在言行举止方面的美好表现。从个人拥有的内外形象上看，行为美受心灵美的托举，受思想品德和文化素质的影响，受活动氛围及社会环境的牵制，受礼仪与礼貌修养的左右，受组织行为规范的制约等，因而行为美不仅是个人在生活、学习及工作中的形象表达，也体现出一个人对社会影响、对组织规定、对他人交往等的关注。行为美是一种亲善友好的人生态度，更是对自我形象的自觉保护与善待。

一个人的能力有大小，长相有不同，声音有区别，身材有高矮，工作有先后，但只要自身的行为能够体现出对自己的严格要求、对别人的关爱、对组织和社会的奉献等，就可以认为这个人的行为是美的，是值得称赞的。反之，如果一个人处处为自己谋利益，挖空心思地打别人的坏主意，只想着捞好处，不思工作上的进取，不讲对组织的贡献，这样的行为就无美可言。

通常，行为美的人有这几个方面的特征：为人谦虚、礼让；说话文明、不恶语伤人；言必信、行必果；光明磊落、有信义；表里如一、注重形象等。有以上这些行为的人皆可称为行为美的人，因此行为美也可看作一把衡量人与人之间、人与社会之间和谐关系的尺子，只有适度掌握了这把尺子，才能够让个人的行为展现出美的结果。

2. 空乘的行为美

可以说，行为美是人们对美感的自我审视与实施意愿相结合的一系列过程，是人类审美品位的行为反映，是基于个体的价值观、认知心理和判断能力等的审美观的集中表现，包括对自我的了解、对事物的看法、对生活的感受、对生存价值的认可等。美的行为是形象建立的动态美，能够与妆容、服饰、发型等要素的静态美整合，进一步诠释形象的整体美，因此对于空乘形象设计，形象美离不开行为美的配合与完善，否则形象美只是一个空壳，没有形象艺术的生命力。

个人的审美观不仅是对美感的品位与享受，主动地表达美、接受美、展示美，也是通过言行举止表达出的对生活状态、身处环境及社会现象和事物的真实评价，通过自己的主观审美，给出对某些现象或人、事、物是美的还是不美的结论，这种结论性的观点反过来左右个人的行为方式，会让接触或了解过自己的人产生对个人行为美的判断。由此可见，一个人的审美观或美感认知是决定其行为美的直接因素。既然形象设计是对形象的艺术性修饰，是对形象美的有意塑造，那么与之关联的行为自然也是需要美化的，因此当我们运用艺术手法对形象进行美化时，实际上也是对行为美发出的一道"密令"。

说到空乘的行为美，首先，我们应想到空乘工作需要的行为方式，进而思考怎样的言行举止才能让旅客产生完整的形象美感。其次，要从服务需求的角度诠释行为美，以旅客的真实感受为出发点，以满足旅客的服务愿望为中心，以得到旅客的满意评价为要求，让空乘人员的行为美带给他人更好的服务享受，达到民航服务的目的。

3. 行为美是服务的底气

俗话说"有理走遍天下，无理寸步难行"，我们借用这句话的意思来形容空乘工作的行为美，即"有美行遍天下，无美寸行难表"。只有行得稳、走得正，才能站得直、坐得住，才能满足旅客乘机时的期望，大大提升服务的底气，踏实地做好服务工作。相应地，如果失去旅客心目中的行为美，就难以得到长久的服务行为展现机会，难以实现个人的生活愿望及事业理想。由此可见，空乘的行为美也是服务的底气，没有底气是做不好服务的，也是难以服务好旅客的。在改善外表形象的同时，一定不能忽略行为举止方面的美感。事实上，无论是交往的方式，还是服务现场的真实情况，航班上的对客服务都是一种有形的表达与无形的温暖传递，是人与人之间、心与心之间的交流与对话，要以己之心虑人之想，更要有"己所不欲，勿施于人"的行为理念。

空乘人员的行为美还包括对"换位思考"的理解，否则，即使再怎么想做好服务，也无从下手。因为服务不是服务者个人的一厢情愿，而是被服务者的满心欢喜，只有站在对方的角度认知服务，展示良好、周到的文化服务理念，给予货真价实的服务，才能展现良好服务的全貌。另外，行为美也是有形服务与无形服务的结合，是有声语言与无声语言的协调，更是外在形象与内在气质的一体化，共同烘托出民航服务的高素质和高质量，采用标准化的服务、规范化的管理、秩序化的安全保障等，充分表达服务者与被服务者的一致性，高度统一行为美与形象美，真切、实效地诠释民航服务。

三、关注视觉美

1. 视觉美需要的艺术修养

空乘职业形象是直观的实体形象,好比一件摸得着、看得见的艺术品。要设计好空乘职业形象,显然需要具备一定的艺术修养,有对美的判断和接受能力,这样才能感受到美的元素、美的氛围,进而激发出对美的创造力,这是视觉美在诠释过程中的必要条件和基础。只有把艺术修养、自然美与创造美相结合,才能将形象设计推到艺术的高度。也只有培养好个人的艺术修养,才可获得一种无形似有形的美感境界。得体的服饰、清新的妆容、整洁的发型和优雅的仪态等,构成了完整的空乘职业形象的直观感受或视觉美。

形象的视觉美有两个内涵:其一是外观上的形式美,如设计中的对称、平衡、比例,以及对比、多样统一等技巧,通过线、形、光、色、质等因素的搭配组合与协调关系,产生感官上的视觉美;其二是形式美与内容美的统一,因为视觉美不仅是外观上的美,也是心灵美与行为美的结合,即内、外形象兼具。还要有善于发现美和捕捉美的灵感,有正向的审美品位,有艺术思维能力,以美的视角修饰形象。

2. 视觉美是一种综合美

美的形象不仅给人以视觉上的美感享受,而且可以起到提升气质、增强自信的作用,还能够美化环境,渲染与活跃气氛,促进彼此间的友好交流与合作,有效缩短服务距离,增加服务中的人情味和温度,让旅客得到愉悦和欢快的乘机体验。由此可见,形象的视觉美体现的是一种综合美,也是生活美和社会美的需要。

这样的理解和分析能够让我们摆脱对形象的狭隘思维的约束和制约,把形象美的意义和作用进一步放大,升华形象的功能,充分调动形象美的内在因素,让个人美丽的形象插上翅膀。另外,形象的视觉美要经得起时间的检验和工作的考验,是一种长久的形象美,要从形象需要和影响力中提取"保鲜剂",还要从航空公司的管理要求中找到"强心剂",更要从个人职责坚守中炼制"醒神药",让空乘职业形象永久保鲜和保值。

形象案例

几十年尺码不变的制服

在中国台北松山训练中心的台湾中华航空博物馆内,收藏着台湾中华航空从20世纪50年代到90年代的历代"空姐"制服,其中包括退休"空姐"徐煦捐赠的十代"空中战袍",从第一代的淡蓝色旗袍、大红色旗袍、黄色套装到最新的紫色旗袍。徐煦是中国台湾民航史上飞时最长的"空姐",从青春年华一直飞到退休,从第一代制服穿到第十代。她的旗袍制服被存入台湾中华航空博物馆"徐煦专区"。台湾中华航空公关处陈鹏宇处长曾表示,台湾中华航空十代制服已是无价之宝,徐煦不但是台湾中华航空的活历史,也成为在台湾中华航空博物馆留名的"空姐"第一人。

徐煦于 1964 年成为"空姐",是首批对外招考的台湾中华航空"空姐"之一,曾担任过座舱长、空服长,更是历代众多台湾中华航空"空姐"的培训教官。在其职业生涯中,众多政商界名流、演艺明星都乘坐过她服务的航班。

令人惊讶的是,徐煦捐出的所有制服,尺码几乎没有改变过。在航空公司,这样的"空姐"不在少数。如果没有对自己职业形象的敬畏之心,必然不可能如此自律,制服尺码几十年不变。制服就像工作状态和生活状态的切换开关,一旦穿上制服进入工作状态,就意味着飞行前要顾及形象,克制对食物的欲望。

四、保持姿态美

1. 构建姿态美

从空乘职业形象的实际内涵可以看出,姿态美对形象有切实影响,这是因为服务者(空乘人员)提供给被服务者(旅客)的形象美,不仅包括静态形象的直观美或视觉美,还包括动态形象的美,如空乘人员的站、坐、行、蹲的仪态美,举手投足、微笑表情、专注目光等的肢体美,还有语言交流与沟通方面的表达美。我们还要用艺术化的技能优化仪态,调和语气,完整地构建空乘形象的姿态美。

2. 持久印象

一个人的形象给予他人的美感是由浅入深的递增过程,是由表及里的美感印象深化和记忆形成,而不仅仅是对外表的视觉符号的孤立记忆。也就是说,最初通过对外表形象的观察产生直观感受,然后对言行举止产生行为感受,再合成对形象的主观印象,最终形成对一个人具体形象的持久印象。这样的记忆一旦形成,改变起来就不那么容易。因此,空乘形象设计要与服务需要完全结合,把形象给旅客留下的第一印象变成永久的印象,历久弥新。或许这就是空乘形象设计的初衷和艺术化服务形象的价值所在。

3. 贴近服务形象

对于空乘学员,各门专业课程的学习都是紧紧围绕将来的岗位服务需要而进行的,形象设计也不例外,应尽量贴近航班上对客服务的形象标准,使空乘学员现在的形象设计尽可能地与航空公司需要的岗位服务人才形象保持一致。并且通过有效的学习,树立良好的形象意识,掌握一定的形象设计技能,把握服饰搭配、发型设计、化妆、形体塑造,以及面试形象设计等方法与技巧,塑造职业形象。只有如此,才能向未来的职业身份靠近,走上理想的空乘岗位。

本章实操

认真阅读"形象案例",思考徐煦的旗袍制服几十年尺码不变背后的自我坚持,以及职业形象追求,谈谈个人应该如何训练自己的形体,保持体态美。

思考练习题

1. 为什么要强调设计好空乘职业形象？
2. 谈谈你对空乘职业形象中集体元素的认知和看法。
3. 如何理解空乘人员的行为美？
4. 为什么要养成良好的形象保持习惯？应该怎么做？
5. 如何理解空乘职业形象的职责担当？
6. 个人审美品位的培养应从哪里入手？
7. 谈谈形象设计艺术与服务的关系。

附录 A
空乘形象设计调查问卷

1. 你的性别是（　　）。
   A. 男　　　　　　　　　B. 女
2. 你就读的年级是（　　）。
   A. 大一　　　　　　　　B. 大二　　　　　　　　C. 大三
   D. 大四　　　　　　　　E. 其他
3. 你觉得设计个人形象（服饰、妆容、发型等）是否有必要？（　　）
   A. 有必要　　　　　　　B. 没有必要　　　　　　C. 无所谓
4. 你对自己目前的形象（发型、妆容、服饰等）是否满意？（　　）
   A. 满意　　　　　　　　B. 一般　　　　　　　　C. 不满意
5. 你是否掌握了不同场合的妆容与服装搭配技巧？（　　）
   A. 是　　　　　　　　　B. 否　　　　　　　　　C. 不清楚
6. （多选）你对形体塑造有怎样的认识？（　　）
   A. 保持苗条身材　　　　B. 与空乘制服相匹配　　C. 塑造姿态美
7. 你对整容的真实看法是什么？（　　）
   A. 没必要，素质比外表重要　　B. 有必要，美貌有助于更好地工作
   C. 在条件允许时，计划微整
8. （多选）你会考虑在哪些方面提升个人形象？（　　）
   A. 衣着　　　　　　　　B. 妆容　　　　　　　　C. 发型
   D. 仪态　　　　　　　　E. 语言
9. （多选）你认为空乘学员形象塑造的哪些方面最重要？（　　）
   A. 形体塑造　　　　　　B. 行为举止　　　　　　C. 沟通艺术
   D. 化妆技巧　　　　　　E. 服饰搭配
10. 你认为空乘专业是否有必要开设职业形象设计课程？（　　）
    A. 十分有必要　　　　　B. 开不开都行　　　　　C. 没什么必要

11. 你认为空乘形象能体现出职业道德和素质修养吗？（　　）

　　A．能体现　　　　　　　B．不能体现

12. 你认为空乘形象设计是对旅客的必要尊重吗？（　　）

　　A．是的　　　　　　　　B．不是　　　　　　　　C．没想过

13. 你认为空乘学员有必要进行职业形象设计吗？（　　）

　　A．非常有必要，可以提高面试成绩

　　B．没有必要，自己现在还不是乘务员

　　C．职业化的形象设计是通过面试的条件之一

14. 你认为形象设计可以提升自信心吗？（　　）

　　A．可以提升　　　　　　B．不可以提升

15. 平时外出，你会精心地打扮自己吗？（　　）

　　A．经常打扮　　　　　　B．偶尔打扮　　　　　　C．从不打扮

16. 平时外出，你会穿哪种类型的鞋子？（　　）

　　A．高跟皮鞋　　　　　　B．平跟皮鞋　　　　　　C．一般布鞋

17. 你会经常敷面膜吗？（　　）

　　A．经常敷　　　　　　　B．偶尔敷　　　　　　　C．从来没敷过

18. 你在妆前是怎样清洁面部的？（　　）

　　A．认真清洁面部各部位　B．整体洗一下脸

19. 你会经常熬夜吗？（　　）

　　A．从不熬夜　　　　　　B．偶尔熬夜　　　　　　C．经常熬夜

20. 如果学校没有规定穿校服，你还会穿吗？（　　）

　　A．会穿　　　　　　　　B．至少上课时穿　　　　C．不会穿

21. （多选）你觉得穿上空乘制服有什么好处？（　　）

　　A．工作自律　　　　　　B．统一形象　　　　　　C．旅客满意

22. 你最喜欢哪种主色调的制服？（　　）

　　A．红色　　　　B．蓝色　　　　C．灰色　　　　D．其他色彩

23. 晚间护肤时你会怎么做？（　　）

　　A．卸妆后清洁面部　　　B．卸妆后清洁并按摩面部

　　C．只是卸妆和保湿

24. 假如有人指出你的妆容不雅，你会怎么做？（　　）

　　A．耐心听取他人意见　　B．十分反感　　　　　　C．不予理睬

25. 你认为航空公司有必要规定空乘的标准发型吗？（　　）

　　A．很有必要，统一形象　B．没有必要，强调个性美

　　C．无所谓，都行

26. 如果有空乘职业形象设计大赛，你会报名参加吗？（　　）

　　A．主动参加，可以提升形象　　　　B．看班级是否组织

C. 不感兴趣，不会参加
27. （多选）你是通过哪些渠道学习形象设计知识的？（　　）
    A. 空乘专业课程学习　　B. 根据教材内容自学　　C. 看相关的电视节目
    D. 亲友及家人介绍　　　E. 其他方面的渠道

说明：本调查问卷针对空乘形象设计，目的是督促空乘学员自觉而主动地关注形象美化艺术，认真学习形象设计课程，并在掌握形象设计的基本知识和设计方法、提高设计能力的基础上，塑造适合自己的标准化的职业形象。

参考文献

[1] 杨树枫，武丕才. 职业形象设计与训练[M]. 大连：大连理工大学出版社，2017.
[2] 刘科，刘博. 空乘人员化妆技巧[M]. 上海：上海交通大学出版社，2012.
[3] 董淑霞，苗俊霞，李楠. 航空服务礼仪[M]. 北京：首都经济贸易大学出版社，2017.
[4] 张号全. 航空职业形象[M]. 北京：化学工业出版社，2015.
[5] 张号全，李霏雨. 民航客舱服务艺术案例分析[M]. 北京：电子工业出版社，2022.
[6] 范玉吉. 审美趣味[M]. 北京：化学工业出版社，2009.
[7] 周为民. 民用航空服务礼仪[M]. 北京：清华大学出版社，2015.
[8] 中国航空运输协会. 民航空中服务（高级）[M]. 北京：中国民航出版社，2021.
[9] 张号全，孙梅. 航空面试技巧[M]. 2 版. 北京：化学工业出版社，2017.
[10] 盛美兰，谢媛媛. 民航服务礼仪[M]. 3 版. 北京：中国民航出版社，2020.
[11] 周力生. 形象设计美学[M]. 北京：化学工业出版社，2009.
[12] 杨怡，白文宇. 空乘职业技能训练[M]. 北京：科学出版社，2014.
[13] 李勤. 乘务员化妆技术与形象塑造[M]. 北京：旅游教育出版社，2007.
[14] 王静. 选对色彩穿对衣[M]. 桂林：漓江出版社，2010.
[15] 郑希付. 健康心理学[M]. 上海：华东师范大学出版社，2003.
[16] 侯淑琴. 形象礼仪[M]. 沈阳：北方联合出版传媒（集团）股份有限公司万卷出版公司，2010.
[17] 杨静. 空乘人员形体与仪态[M]. 北京：清华大学出版社，2020.
[18] 于海亮. 民航体能训练[M]. 北京：清华大学出版社，2018.
[19] 孟广城. 古典芭蕾舞基本功训练教程[M]. 上海：上海音乐出版社，2004.
[20] 韩俊. 瑜伽，初学到高手[M]. 北京：中国轻工业出版社，2011.
[21] 李春华. 古典芭蕾教学法[M]. 北京：高等教育出版社，2004.
[22] 陈红云. 舞蹈[M]. 武汉：华中师范大学出版社，2012.
[23] 人力资源和社会保障部职业技能培训鉴定教材. 化妆师（基础知识）[M]. 北京：中国劳动社会保障出版社，2016.
[24] 中国国际航空乘务员训练手册，中国南方航空乘务员训练手册，中国东方航空乘务员训练手册，海南航空乘务员训练手册.